Gunther Schwerdtfeger

Die dogmatische Struktur der Eigentumsgarantie

Schriftenreihe
der Juristischen Gesellschaft e. V.
Berlin

Heft 77

W
DE
G

1983
Walter de Gruyter · Berlin · New York

Die dogmatische Struktur der Eigentumsgarantie

Von
Gunther Schwerdtfeger

Vortrag
gehalten vor der
Berliner Juristischen Gesellschaft
am 27. Oktober 1982

W
DE
G

1983
Walter de Gruyter · Berlin · New York

Prof. Dr. jur. Gunther Schwerdtfeger
o. Professor für Staats- und Verwaltungsrecht
an der Freien Universität Berlin

CIP-Kurztitelaufnahme der Deutschen Bibliothek

Schwerdtfeger, Gunther:
Die dogmatische Struktur der Eigentumsgarantie :
Vortrag gehalten vor d. Berliner Jurist. Ges. am 27.
Oktober 1982 / von Gunther Schwerdtfeger. – Berlin ;
New York : de Gruyter, 1983.
(Schriftenreihe der Juristischen Gesellschaft e. V.
Berlin ; H. 77)
ISBN 3-11-009710-9

NE: Juristische Gesellschaft ‹Berlin, West›: Schriftenreihe der Juristischen ...

Inhalt

I. Einführung

1. Der Eigentumsschutz nach Art. 153 WV

Zur Zeit der Weimarer Verfassung wurde der Eigentumsschutz durch den *Enteignungs*begriff vermittelt. Das galt *jedenfalls,* soweit die Lehre den Gerichten das Recht absprach, die Verfassungsmäßigkeit von Gesetzen zu überprüfen[1]. Von dieser Basis aus hatte der Eigentümer jeden Eigentumseingriff durch Gesetz oder aufgrund eines Gesetzes zu *dulden.* Wenn es sich um eine *Enteignung* handelte, konnte der Eigentümer aber eventuell *liquidieren.* Die Enteignungsvorschrift des Art. 153 II WV war insoweit unmittelbare Anspruchsgrundlage[2]. Der Eigentumsschutz führte aber auch noch über den Enteignungsbegriff, als das Reichsgericht das richterliche Prüfungsrecht für sich in Anspruch genommen hatte und zunächst Landesgesetze[3], später auch Reichsgesetze[4] auf ihre Vereinbarkeit mit Art. 153 WV überprüfte. Fast wortgleich mit Art. 14 I 1 GG „gewährleistete" zwar schon Art. 153 I 1 WV das Eigentum. Parallel zu Art. 14 I 2 GG sah auch Art. 153 I 2 WV aber vor, daß sich Inhalt und Schranken des Eigentums aus den *Gesetzen* ergäben. Art. 153 I 1 WV enthielt – ebenso wie Art. 14 I 1 GG – keine *geschriebenen Einzelkriterien,* nach welchen die Gültigkeit eines Gesetzes vor der Eigentumsgewährleistung überprüft werden konnte. Anders als später das Bundesverfassungsgericht[5] nahm das positivistisch ausgerichtete Reichsgericht daher *jedes* Gesetz im herkömmlichen Sinne, mithin jede *generell-abstrakte* Regelung hin, selbst wenn sie in schwerer Weise in das Eigentum eingriff[6]. Gegenüber generell-abstrakten Regelungen lief die Eigentumsgarantie

---

[1] S. dazu etwa *Thoma,* AöR NF 4, 1922, S. 267 ff.; W. *Jellinek,* JW 1925, S. 454 ff.; *Wittmayer,* Die Weimarer Reichsverfassung (1922), S. 457 ff.

[2] RGZ 109, 322; 112, 189, 191; 128, 18, 34; a. A. aber etwa RGZ 111, 132 f.

[3] Grundlegend RGZ 103, 200 – Lippische Rente.

[4] Grundlegend RGZ 111, 320 (322) – Aufwertung.

[5] S. nachfolgend bei Fn. 72 ff., 87, 110 ff.

[6] RGZ 107, 370 (375); RGZ 139, 177 (183) – Gefrierfleisch – formuliert entsprechend: „Erforderlich ist *nur,* daß die Regelung durch eine allgemeingültige Vorschrift erfolgt".

leer⁷. Anders war die Situation, sobald ein Gesetz enteignenden Charakter hatte oder zu Enteignungen ermächtigte. Jetzt gab Art. 153 II WV dem Reichsgericht *geschriebene* Überprüfungskriterien an die Hand. Die gesetzliche Regelung mußte *„zum Wohl der Allgemeinheit"* erfolgt sein. Falls es sich um ein *Landes*gesetz handelte, durfte außerdem der Entschädigungsanspruch nicht ausgeschlossen sein. Wenn eine dieser Voraussetzungen mißachtet war, sah das Reichsgericht ein *enteignendes* Gesetz als nichtig an⁸. Die eigentliche Schutznorm für das Eigentum war damit *nicht* die Eigentums*gewährleistung* des Art. 153 I 1 WV, sondern die Enteignungsvorschrift des Art. 153 II WV.

Die *Schlüsselfrage nach dem Enteignungsbegriff* war dadurch präjudiziert, daß generell-abstrakte Regelungen hingenommen werden mußten. Als Enteignungen blieben damit nur Gesetze, welche „Einzeleingriffe"⁹, „Sondereingriffe"¹⁰, durch das „besondere Opfer"¹¹ gekennzeichnete Eingriffe darstellten¹² oder zu solchen Eingriffen ermächtigten. Mit dieser Anknüpfung beim „Einzeleingriff" bzw. „Sonderopfer" folgte das Reichsgericht der Tradition überkommener Entschädigungsvorstellungen¹³.

Wegen seiner Ausrichtung auf den „Einzeleingriff" bzw. auf das „besondere Opfer" war der verfassungsrechtliche Eigentumsschutz *in der Sache* eher eine Spezialausprägung des *Gleichheitsgrundsatzes* (Art. 109 WV) als *eigentumsspezifisch* ausgerichtet¹⁴.

---

⁷ *Anschütz*, Die Verfassung des Deutschen Reichs, 14. Aufl. 1933, Art. 153 Anm. 5 formuliert plastisch: „Insoweit bildet das Eigentum keine Schranke der gesetzgebenden Gewalt, sondern umgekehrt findet das Eigentum seine Schranke an den Vorschriften der gesetzgebenden Gewalt".

⁸ Beispiel für Fehlen des Gemeinwohles: RGZ 103, 200 (202) – Lippische Rente; Gemeinwohl besonders problematisiert in RGZ 139, 6 (8 f.). Beispiele für unzulässigen Ausschluß des Entschädigungsanspruchs: RGZ 132, 69 (75 f.); 136, 113 (125).

⁹ RGZ 116, 268; 127, 280 (281); 128, 18 (28 ff.); 133, 124 (126); 139, 177 (182 f.) – zusammenfassend.

¹⁰ RGZ 139, 177 (183).

¹¹ RGZ 150, 9 (13).

¹² Zu diesen „Legalenteignungen" s. RGZ 116, 268; 128, 165 (171); 129, 146 (149); 132, 69 (75); 136, 113 (124); StHG, in: RGZ 124, Anh. 33. *Ohne* Erwähnung der „Einzeleingriffstheorie" RGZ 107, 375 f.; 111, 316 (325 f.); 139, 6.

¹³ S. zu ihnen Rolf *Stödter*, Öffentlich-rechtliche Entschädigung, 1933, S. 67, 69, 82 f., 107 ff. Zu §§ 74 f. Einl. Preuss. ALR und zur „Kabinettsordre" v. 4. 12. 1931 s. insoweit auch RGZ 133, 124 (126); 79, 64; 103, 123; 129, 146 (150).

¹⁴ Entsprechend auch z. B. *Stödter* (Fn. 13), S. 176 ff., 190 ff., 208.

2. Prinzipieller Umschwung durch Art. 14 GG

Art. 14 GG hat einen prinzipiellen Umschwung gebracht. Art. 19 II GG zeigt[15], daß die Schutzfunktion des Art. 14 GG *eigentumsspezifisch* ausgerichtet ist. Art. 1 III GG bestimmt, daß der Eigentumsschutz *auch* gegenüber *generell-abstrakten* Gesetzen greift. Das Bundesverwaltungsgericht hat von Anfang an zutreffend erkannt, daß dieser veränderten Schutzfunktion nicht mehr mit den gleichheitsspezifischen Kriterien „Einzeleingriff" bzw. „Sonderopfer" Genüge getan werden kann[16]. Es stellt auf *eigentumsspezifische* Kriterien wie „Schwere", „Zumutbarkeit", „Verhältnismäßigkeit" ab[17]. Diese Kriterien sind insbesondere geeignet, auch *generell-abstrakte* Regelungen auf ihre Vereinbarkeit mit der Eigentumsgarantie zu überprüfen. Der Bundesgerichtshof ist zwischenzeitlich weitgehend auf die gleiche Linie eingeschwenkt. Er stellt heute auf eigentumsspezifische Topoi wie „Schwere und Unerträglichkeit"[18], „Zumutbarkeit"[19], „Verhältnismäßigkeit"[20], „Opfergrenze"[21], „Situationsgebundenheit"[22] ab. Zusätzlich bringt er allerdings weiterhin das Sonderopfer[23] aus seiner ursprünglichen „Sonderopfertheorie"[24] ins Spiel.

Der prinzipielle Umschwung hat auch die *innere Struktur* der Eigentumsgarantie verändert. Die *Schutzfunktion* wird *zentral* von der Eigentums*gewährleistung* des Art. 14 I 1 GG wahrgenommen, *nicht* entsprechend der Weimarer Regelung von der Enteignungsvorschrift des Art. 14 III GG. Art. 14 III GG ist *Sondervorschrift* für *bestimmte* Eigentumseingriffe, für *„Enteignungen"*. Nicht jeder Verstoß gegen die Eigentumsgarantie des Art. 14 I 1 GG ist eine Enteignung im Rechtssinne des Art. 14 III GG und damit gegen *Entschädigung zulässig.*

---

[15] Näheres nachfolgend bei Fn. 94.

[16] Grundlegend BVerwGE 5, 143 (145 f.).

[17] BVerwGE 5, 143 (145 f.) – „Schwere und Tragweite"; BVerwG, DVBl. 1960, 396 – „Zumutbarkeitstheorie"; BVerwGE 61, 295 (303) – „Schwere und Unerträglichkeit"; 50, 282 (286 ff.); 59, 253 (261); 52, 122; 56, 186 – „Verhältnismäßigkeit".

[18] BGHZ 64, 220 (230).

[19] BGHZ 57, 359 (365 ff.).

[20] BGHZ 57, 359 (362); 77, 179; 77, 338 (354, 359); 72, 211 (216 f., 219 f.).

[21] BGHZ 77, 179; 57, 359 (366).

[22] BGHZ 77, 354 m. w. Nachw.; 72, 211 (216 f., 219 f.) – zusammenfassend.

[23] BGHZ (Gr. S.) 6, 270 (280): „Der Verstoß gegen den Gleichheitsgrundsatz kennzeichnet die Enteignung".

[24] Grundlegend für die Entwicklung: BGHZ (Gr. S.) 6, 270; 7, 296; 13, 88; 23, 30; 32, 212.

Weil zur Weimarer Zeit *nur* über den Enteignungsbegriff Eigentums-*schutz* vermittelt werden konnte, war es verständlich, wenn die Literatur versuchte, den Enteignungsbegriff zu *erweitern.* Bekanntlich schlug die Literatur vor, die gleichheitsspezifische „Einzeleingriffstheorie" des Reichsgerichts durch weiterreichende „Enteignungstheorien" wie die „Schwere"- oder „Zumutbarkeitstheorie"[25], die „Schutzwürdigkeitstheo-rie"[26] oder die „Substanzminderungstheorie"[27] zu ersetzen. Weil nach dem Grundgesetz Eigentums*schutz* ohnehin schon über Art. 14 I 1 GG ge-währt wird, drängt die *Schutz*funktion des Art. 14 GG *nicht* auf einen weiten Rechtsbegriff der Enteignung. Hat man im Blick, daß Art. 14 III GG dazu *ermächtigt,* in das durch Art. 14 I 1 GG geschützte Eigen-tum *einzugreifen*[28], führt das eher zu einem *engen* Enteignungsbegriff.

3. Fortwirkung überkommener Vorstellungen unter dem Grundgesetz

Es war bisher *die* Crux in der Exegese des Art. 14 GG, daß Literatur und Rechtsprechung den Umschwung in der inneren *Struktur* der Eigen-tumsgarantie nicht hinreichend zur Kenntnis genommen oder jedenfalls nicht hinreichend durchgeführt hatten. Befangen in den Vorstellungen der Weimarer Zeit ließen Literatur und Rechtsprechung *jeden* Eigentums-*schutz* weiterhin über den *Enteignungsbegriff* laufen. Die genannten Kriterien wie „Schwere" und „Zumutbarkeit" wurden – wie zur Weima-rer Zeit – als Ausdruck entsprechender *Enteignungs*theorien ausgegeben. Mit diesen Theorien schien – anders als nach der Einzeleingriffstheorie des Reichsgerichts – ein fließender Übergang von der „Inhaltsbestim-mung" des Art. 14 I 2 GG zur „Enteignung" hergestellt. Stereotype Fra-ge war daher, ob ein Eigentumseingriff *noch* (entschädigungslose) Inhalts-bestimmung bzw. Sozialbindung *oder schon* (entschädigungspflichtige) *Enteignung* sei[29].

In der Sache geht es nach dem Gesagten *nicht* um „Enteignung", sondern um einen Verstoß gegen Art. 14 I 1 GG. Das gilt *heute* auch für die genannten „Enteignungstheorien". Mit dem Rechtsbegriff der Enteig-

---

[25] *Stödter* (Fn. 13), S. 190 ff.
[26] W. *Jellinek,* Verwaltungsrecht, 3. Aufl. 1931, S. 413.
[27] *Schelcher,* AöR 57, 350.
[28] BVerfGE 45, 63 (75 f.).
[29] S. etwa aus neuerer Zeit BGHZ 77, 179 (185); 77, 351 (354); BGH, NJW 1978, 2290 – Vorlagebeschluß „Naßauskiesung"; BVerwGE 61, 295 (302 f.); 56, 186 (198, 201).

nung i. S. des Art. 14 III GG in seinem *ermächtigenden* Kontext haben sie nichts zu tun. Indem sie den Verstoß gegen Art. 14 I 1 GG als „Enteignung" bezeichnen[30], bedienen sich Literatur und Rechtsprechung eines „*Vulgärbegriffs*" der Enteignung. Im Sprachgebrauch des täglichen Lebens ist *jeder* Eigentumseingriff „Enteignung", welcher nach Auffassung des Betrachters „zu weit" geht. „Enteignung" im *Rechtssinne* des Art. 14 III GG ist ein *Rechtsbegriff* mit *spezifischem* Inhalt.

Aber diesen Durchblick durch die Struktur des Art. 14 GG hatten Literatur und Rechtsprechung bisher nicht. Sie ließen Vulgärbegriff und Rechtsbegriff der Enteignung ineinander verschwimmen; oft wurden beide Begriffe beliebig gegeneinander ausgetauscht. Das sei für die Entschädigungsrechtsprechung des Bundesgerichtshofs aus „enteignendem" Eingriff exemplarisch dargetan. Entschädigung wegen „enteignenden" Eingriffs gewährt der Bundesgerichtshof für (unmittelbare[31]) „enteignende" Nebenwirkungen staatlichen Handelns, welches *als solches* rechtmäßig sein soll[32]. Beispiele sind das Fahrzeug, welches nach rechtmäßiger Heranziehung zu Hand- und Spanndiensten zu Bruch geht[33], oder das Gehöft, welches durch rechtmäßige Höherlegung der Straße von seiner Zufahrt abgeschnitten wird[34]. Wegen der Junktim-Klausel scheint der *rechtmäßige* „*enteignende* Eingriff" ein Widerspruch in sich zu sein; das Fehlen einer *gesetzlichen* Entschädigungsregelung macht enteignendes Handeln recht*swidrig*. Der ehemalige Vorsitzende des Entschädigungssenats beim Bundesgerichtshof Kreft[35] klärt diesen Widerspruch mit dem zutreffenden[36] Hinweis auf, die Entschädigungsrechtsprechung des Bundesgerichtshofs habe sich von der engen Anlehnung an Art. 14 III GG emanzipiert. Es gehe um einen *weiten* Enteignungsbegriff. Der Entschädigungsanspruch folge „aus der umfassenden Eigentumsgewährleistung des Art. 14 I 1 GG". Daß für den Entschädigungsanspruch der „ordentliche Rechtsweg" gegeben sei, leitet der Bundesgerichtshof gleichwohl

---

[30] Deutlich insoweit etwa BGHZ 77, 185; 78, 340; *Kreft*, Öffentlich-rechtliche Ersatzleistungen, 1980, Vorbem. vor § 839 BGB, Rdnr. 16, 17; BVerwGE 56, 186 (195, 202); BVerwG, DÖV 1974, 390; BVerwGE 61, 295 (302 f.).

[31] S. BGHZ 37, 47; 54, 332 (338); 55, 299 (331); 76, 392; 78, 43.

[32] Zu dieser Abgrenzung vom „enteignungsgleichen" Eingriff bei rechtswidrigem Staatshandeln besonders deutlich BGH, NJW 1966, 1120; BGH, JuS 1971, 375 Nr. 2.

[33] BGHZ 28, 310.

[34] Zusammenfassend zu derartigen Fällen BGHZ 57, 359 ff.

[35] A. a. O. (Fn. 30).

[36] Deutlich etwa BGHZ 77, 185; 78, 43.

unmittelbar aus Art. 14 III 4 GG ab[37]. – Oder ein Beispiel aus der Rechtsprechung des Bundesverwaltungsgerichts[38]. Das Gericht sieht es im Rahmen der straßenrechtlichen Planfeststellung als „enteignend" an, wenn ein Wohngrundstück „auf engstem Raum gewissermaßen in eine durch zwei Straßen gebildete Schere gerät" und faktisch seine Nutzbarkeit verliert. Demgemäß müsse auf Antrag im Planfeststellungsbeschluß eine Entschädigung „nach (ungeschriebenen) allgemeinen enteignungsrechtlichen Grundsätzen" festgesetzt werden. Auch das ist nicht „stimmig". Wenn wirklich eine *Enteignung* vorläge, würde es wegen Verstoßes gegen die Junktim-Klausel an einer gültigen *Ermächtigungsgrundlage* für die Planfeststellung fehlen.

Mutatis mutandis bleibt als Gesamteindruck festzuhalten: Zu Art. 14 GG ist wahrlich viel geschrieben worden. An hinreichendem Durchblick durch die *Struktur* des Art. 14 GG als Voraussetzung für die *juristisch einwandfreie* Lösung von Einzelfällen mangelt es aber.

4. Rechtsprechung des Bundesverfassungsgerichts und Aufgaben der Arbeit

Hier stößt das Bundesverfassungsgericht in die Lücke, besonders deutlich mit seiner „Kleingarten-Entscheidung" vom 12. Juni 1979[39] und mit seiner „Naßauskiesungsentscheidung" vom 15. Juli 1981[40]. Das Gericht wendet sich ausdrücklich gegen die zweipolige Fragestellung „Inhaltsbestimmung (Sozialbindung) oder schon Enteignung"[41]. Schutznorm ist Art. 14 I 1 GG. Inhaltsbestimmung, Legalenteignung und Administrativenteignung sind „jeweils eigenständige Rechtsinstitute" zur Regelung von Eigentumsfragen, welche das Grundgesetz „deutlich voneinander absetzt"[42]. Nimmt man weitere Entscheidungen des Bundesverfassungsgerichts hinzu, werden viele Mosaiksteine sichtbar, welche sich zu einer *ausdifferenzierten* Gesamtstruktur des Art. 14 GG zusammenfügen oder jedenfalls hochrechnen lassen. Diese Zusammenfügung und Hochrechnung will ich versuchen.

---

[37] BGHZ 77, 179 (180).
[38] BVerwGE 61, 295.
[39] BVerfGE 52, 1.
[40] BVerfGE 58, 300.
[41] BVerfGE 52, 1 (27 f.); 58, 300 (320, 330 f.); s. ferner die „Pflichtexemplarentscheidung" BVerfGE 58, 137 (145).
[42] BVerfGE 58, 300 (331 f.).

Weil es mir nur um die *innere* Struktur geht, klammere ich viele wichtige Fragen zur Eigentumsgarantie aus, so den Eigentumsschutz für öffentlichrechtliche Rechtspositionen[43], die Frage nach dem *funktionalen* Schutzbereich des Art. 14 GG bei bloß mittelbaren Eigentumsbeeinträchtigungen[44] und bei der „Nachbarklage"[45] sowie das „Spezialthema" Besteuerung und Eigentum[46].

II. Eigentum als Schöpfung der Rechtsordnung

Die Schutzgüter der meisten Grundrechte sind *von Natur aus,* ohne Vermittlung der Rechtsordnung, existent, so Glaube, Gewissen und Bekenntnis im Rahmen von Art. 4 GG, Meinung, Kunst, Wissenschaft, Forschung und Lehre im Rahmen von Art. 5 GG, die Möglichkeit, sich zu versammeln, im Rahmen von Art. 8 GG usw. Eigentum ist eine *Schöpfung der Rechtsordnung.* Ohne Vermittlung der Rechtsordnung gibt es kein Eigentum[47]. Sieht man das Eigentum als Naturrecht[48], ist lediglich ein Recht *auf* Eigentum bejaht[49]. *Entscheidend* ist *auch jetzt,* wie die *Rechtsordnung* dieses „vorstaatliche Recht" *erfüllt* hat[50].

Theoretisch gesehen kann das Eigentum durch die Verfassung selbst *oder* durch das einfache Gesetzesrecht konstituiert und im einzelnen ausgestaltet werden.

III. Verfassungsrechtlicher Begriff des Eigentums

Zunächst ist der *einfache* Gesetzgeber am Zuge. Er schafft subjektive Rechte des privaten und des öffentlichen Rechts. Anschließend ist zu entscheiden, ob das jeweilige Recht *begrifflich* als Eigentum i. S. von Art. 14 GG anzusehen ist, also dem Anwendungsbereich des Art. 14 GG unterfällt. Die Antwort auf diese Frage muß natürlich im Grundgesetz

---

[43] Zusammenfassend dazu jüngst Peter *Krause,* Eigentum an subjektiven öffentlichen Rechten, 1982.

[44] Dazu grundlegend Ulrich *Ramsauer,* Die faktischen Beeinträchtigungen des Eigentums, 1980.

[45] Dazu *Schwerdtfeger,* Grundrechtlicher Drittschutz im Baurecht, NVwZ 1982, 5.

[46] S. dazu besonders *Kirchhof* und *von Arnim,* VVDStRL 39, 213, 286.

[47] BVerfGE 31, 240; 20, 355.

[48] Vgl. etwa *Dürig,* ZGesStW 109 (1953), S. 326 ff.

[49] *Dürig,* a. a. O., S. 338.

[50] So Werner *Weber,* in: Neumann/Nipperdey/Scheuner, Die Grundrechte, 2. Bd., 1954, S. 356.

selbst angelegt sein[51]. Das Bundesverfassungsgericht sieht nicht ohne weiteres jedes vermögenswerte Recht als Eigentum i. S. von Art. 14 III GG an, sondern stellt in Einzelfällen sorgfältige Untersuchungen an[52]. Ausgangspunkt ist besonders die Aufgabe der Eigentumsgarantie, „einen Freiheitsraum im vermögensrechtlichen Bereich zu sichern und dem Eigentümer dadurch die Entfaltung und eigenverantwortliche Gestaltung des Lebens zu ermöglichen"[53]. Wesentliche Gesichtspunkte sind u. a. die eigene Arbeitsleistung und der eigene Vermögensaufwand[54] sowie die Funktionsgleichheit eines subjektiven Rechts mit überkommenen Vergegenständlichungen des Eigentums in der Existenzsicherung[55]. Einzelheiten würden hier zu weit führen[56].

Dem Gesetzgeber ist unbenommen, zusätzlich zu den überkommenen Eigentumsinstituten auch neue Eigentumsinstitute zu schaffen (Beispiel: Wohnungseigentum[57]). Die Abschaffung überkommener Eigentumsinstitute stößt aber auf die Institutsgarantie des Art. 14 I 1 GG[58]. Sie ist allenfalls in engem Rahmen möglich[59]. Die Institutsgarantie verbietet, „daß *solche* Sachbereiche der Privatrechtsordnung *entzogen* werden, die zum elementaren Bestand grundrechtlich geschützter Betätigungen im vermögensrechtlichen Bereich gehören, und damit der durch das Grundrecht geschützte Freiheitsbereich aufgehoben oder wesentlich geschmälert wird"[60].

---

[51] BVerfGE 42, 263 (292) – Contergan; 58, 335 – Naßauskiesung.

[52] S. z. B. BVerfGE 42, 292 f. – Contergan; 53, 257 (289 ff.) – Rentenanwartschaften/Versorgungsausgleich.

[53] BVerfGE 24, 367 (389); 31, 229 (239); 40, 65 (83 f.); 42, 293; 50, 290 (339); 53, 270.

[54] BVerfGE 53, 291 – Versorgungsausgleich; 1, 264 (277 f.); 14, 288 (293); 22, 241 (253); 24, 220 (226); 30, 292 (344); 50, 290 (340).

[55] BVerfGE 53, 290 – Versorgungsausgleich.

[56] BVerfGE 42, 293 – Contergan sieht auch das Äquivalent für Einbußen an Lebenstüchtigkeit als Eigentum. Ob der „eingerichtete und ausgeübte Gewerbebetrieb" als solcher Eigentum i. S. des Art. 14 GG ist, beurteilt BVerfGE 51, 221 skeptisch.

[57] S. ferner das Entschädigungssystem für die Contergan-Geschädigten, BVerfGE 42, 263.

[58] Zu ihr s. BVerfGE 42, 294; 31, 239; 24, 389. S. auch schon Carl *Schmitt* (Verfassungslehre, S. 171, 172) zu Art. 153 WV.

[59] S. etwa die sorgfältigen Untersuchungen in BVerfGE 24, 367 (388 ff.) zur Überführung von Deichgrundstücken in öffentliches Eigentum.

[60] BVerfGE 58, 339; 50, 290 (341); 42, 265 (295); 24, 367 (389).

IV. Gesetzliche Inhaltsbestimmung (Art. 14 I 2 GG) nach verfassungsrechtlich vorgegebenen Strukturprinzipien (Art. 14 I 1, 14 II GG)

1. Konstituierende Zuständigkeit des „einfachen" Gesetzgebers

In seiner Zuordnung und in seinen Befugnissen bzw. Möglichkeiten muß das Eigentum *im einzelnen* rechtlich ausgestaltet und gegen kollidierende Belange austariert werden.

Die bisherige Vorstellung ging weitgehend dahin, daß Inhalt und Schranken der einzelnen Eigentumsinstitute ebenfalls schon *unmittelbar* durch die Verfassung *selbst* fixiert worden seien. Nach dieser Vorstellung wird jedem Eigentümer nach dem Muster von § 903 BGB *unmittelbar* von Verfassungs wegen die Befugnis verliehen, mit dem Eigentum nach Belieben verfahren zu können, es in jeder faktisch sich bietenden Möglichkeit ausnutzen zu können und umfassend über den Eigentumsgegenstand verfügen zu dürfen[61]. Auf der anderen Seite kann dem Eigentümer durch Art. 14 II GG geboten sein, ganz konkrete soziale Belange auch ohne Zwischenschaltung des Gesetzgebers *unmittelbar* von Verfassungs wegen zu beachten. Ausdruck dieser Vorstellung ist, daß in der bereits skizzierten „zweipoligen" Betrachtungsweise zumeist nicht nach der Abgrenzung „*Inhaltsbestimmung* – Enteignung", sondern nach der Abgrenzung „*Sozialbindung*" – Enteignung gefragt wurde[62]. „Sozialbindung" ist offenbar etwas, was von Verfassungs wegen auch im konkreten Einzelfall bereits *vorhanden* ist und vom inhaltsbestimmenden Gesetzgeber nur eher *deklaratorisch* wiederholt wird. Nach der Rechtsprechung des Bundesgerichtshofs[63] und des Bundesverwaltungsgerichts[64] kann die Situationsgebundenheit eines Grundstücks im Rahmen von Art. 14 II GG eine soziale Pflichtigkeit begründen, welche *unmittelbar* von Verfassungs wegen bestimmte Eigentumsnutzungen einschränkt oder verbietet. Außerhalb derart verfassungs*unmittelbarer* Sozialbindungen erscheint jede ungünstige gesetzliche Regelung als „Eingriff" in Eigentümerbefugnisse, welche – auf der Linie von § 903 BGB – durch Art. 14 I 1 GG konstitu-

---

[61] Entsprechende Charakterisierung dieser Auffassung in BVerfGE 58, 300 (332 f.).

[62] S. etwa BGHZ 77, 351 (353 f.); BGH, NJW 1978, 2290 – Vorlagebeschluß zur Naßauskiesungsentscheidung; BVerwGE 56, 186 (201).

[63] S. etwa BGHZ 23, 30 (33); 48, 193 (196); 60, 145 (147).

[64] BVerwGE 15, 1; 26, 111 (119); 49, 365 (368); Gesamtüberblick bei *Gassner*, NVwZ 1982, 165 ff.

iert sind[65]. In *diesem* Rahmen ist Art. 14 I 2 GG *Ermächtigung* zu „sozial" motivierten Eigentums*eingriffen*.

In seiner Naßauskiesungsentscheidung[66] wendet sich das Bundesverfassungsgericht ausdrücklich gegen diese Grundvorstellungen. Was der Inhalt des konkreten Eigentums ist, ergibt sich *ausschließlich* aus den *Gesetzen*. Insbesondere hat der Verfassungsgeber nicht die Eigentumsvorstellungen aus § 903 BGB zum Inhalt eines jeden Eigentums gemacht. § 903 BGB steht auf gleicher Stufe mit öffentlichrechtlichen Vorschriften, welche den Eigentumsinhalt auf der Ebene des einfachen Gesetzesrechts bestimmen.

Daß das Bundesverfassungsgericht die Inhaltsbestimmung *konstitutiv* dem Gesetzgeber zuweist, deckt sich mit dem Wortlaut des Art. 14 I 2 GG. Daß insbesondere auch *konkrete* soziale *Pflichtigkeiten* des Eigentums nicht *unmittelbar* von Verfassungs wegen bestehen, sondern vom *Gesetzgeber* konstituiert werden müssen, entspricht den Umständen. Denn je nach politischer oder weltanschaulicher Sicht und persönlichem oder wirtschaftlichem Interesse kann man bei fast jedem „sozialen" Belang darüber streiten, ob er gemeinwohlrelevant *ist* und ob, inwieweit und wie im einzelnen er geschützt werden *soll*. Die Entscheidung *kann* nicht für jeden Einzelfall in Art. 14 II GG getroffen worden sein[67]. – Es ist anerkannt, daß sich die allgemeinen Vorstellungen von den Rechten und Pflichten eines Eigentümers gerade im Kontext mit sozialen Belangen *wandeln*[68]. Woran man mißt, ob eine *bestimmte* Wandlung *tatsächlich* stattgefunden hat, ist aber unklar. Wenn eine Wandlung behauptet wird, beruht das regelmäßig auf *subjektiven* Einschätzungen des Betrachters. Ob man eingetretenen Wandlungen folgen oder ihnen entgegentreten soll, ist eine politisch-wertende Entscheidung. Einschätzung und Entscheidung obliegen im Rahmen von Art. 14 I 2 GG dem *Gesetzgeber*[69]. Die bisherige Vorstellung, es gehe um *Verfassungs*wandel, um einen Wandel des *verfassungsrechtlichen* Eigentumsinhalts, muß nach der neuen Rechtsprechung des Bundesverfassungsgerichts zur *konstitutiven* Zuständigkeit des inhaltsbestimmenden *Gesetzgebers* aufgegeben werden.

---

[65] Gleiche Charakterisierung in BVerfGE 58, 300 (332).

[66] BVerfGE 58, 300 (334 f.). S. aber auch schon BVerfGE 20, 351 (356); 24, 367 (396); 37, 132 (141); 58, 81 (110).

[67] Auf gleicher Linie *Gassner*, NVwZ 1982, 165; parallel für das Sozialstaatsprinzip BVerfG, NJW 1982, 1447 (1449).

[68] In Einzelheiten s. etwa *Sendler*, Zum Wandel der Auffassung vom Eigentum, DÖV 1974, 73 ff.

[69] Auf dieser Linie schon BVerfGE 24, 367 (389).

Das Bundesverfassungsgericht betont[70], daß der Gesetzgeber Inhalt und Schranken des Eigentums (natürlich) durch *generell-abstrakte* Regelungen festlegt.

2. Verfassungsrechtlich vorgeschriebene Strukturprinzipien

Wie schon angedeutet wurde, ist der inhaltsbestimmende Gesetzgeber an die Schutznorm des Art. 14 I 1 GG gebunden. Das ist klar, soweit der Gesetzgeber *bestehendes* Eigentum vernichtet oder *bestehendes* Eigentum in seinem Inhalt umgestaltet. Insoweit ist die subjektivrechtliche individualschützende *Bestandsgarantie* des Art. 14 I 1 GG einschlägig. Ihr wende ich mich erst später zu (nachfolgend V.). Zunächst geht es um *objektivrechtlich-institutionelle* Bindungen. Ihnen untersteht der inhaltsbestimmende Gesetzgeber *alleine*, wenn er ein *neues* Eigentumsinstitut schafft oder für die *Zukunft* den Inhalt von Eigentum regelt, welches gegenwärtig noch nicht existiert[71]. Bei der inhaltlichen Umgestaltung *bestehenden* Eigentums muß die *Neugestaltung* die objektivrechtlich-institutionellen Bindungen des Art. 14 I 1 GG beachten. Ob die *alte* Gestaltung *aufgegeben* werden durfte, beurteilt sich nach der subjektivrechtlichen Bestandsgarantie[72].

a) Objektivrechtlich-institutionell schreibt Art. 14 I 1 GG dem Gesetzgeber gleichsam im Sinne eines Gesetzgebungsauftrages[73] bestimmte Strukturprinzipen vor, nach welchen er das Eigentum auszugestalten hat. Das eigentumsfähige Rechtsgut ist dem zuständigen Berechtigten rechtlich *zuzuordnen*[74]. Das Eigentum ist *„privatnützig"* so auszugestalten, daß es in der Hand des Rechtsträgers „als Grundlage privater Initiativen und im eigenverantwortlichen privaten Interesse ‚von Nutzen‘ sein" kann[75]. Der Eigentümer muß die *„grundsätzliche Verfügungsbefugnis"*

---

[70] BVerfGE 52, 1 (27); 58, 300 (330).

[71] Beispiel ist die Pflichtexemplarentscheidung BVerfGE 58, 137. Eine *weitere* Fallkonstellation enthält die Kleingartenentscheidung BVerfGE 52, 1. Der weitgehende Ausschluß von Kündigungsmöglichkeiten im Kleingartenrecht war vorkonstitutionell eingeführt worden, als die Bestandsgarantie noch nicht galt. Ob der Ausschluß *fortbestehen* durfte, beurteilte sich nach der objektivrechtlich-institutionellen Seite des Art. 14 I 1 GG.

[72] So BVerfGE 52, 1 (28); 58, 300 (338, 348).

[73] Besonders deutlich in diese Richtung BVerfGE 58, 300 (335); 58, 137 (147); 52, 1 (29); 37, 132 (140).

[74] BVerfGE 42, 263 (293, 299) – Contergan.

[75] BVerfGE 53, 257 (290), sowie BVerfGE 24, 367 (389 f.); 26, 215 (222); 31, 240; 37, 132 (140); 50, 290 (339); 52, 1 (31); 58, 300 (345).

über den Eigentumsgegenstand erhalten[76]. – Mit diesen Gestaltungs*direktiven* für den inhaltsbestimmenden Gesetzgeber erscheint – inhaltlich konkretisiert – die aus der Zeit der Weimarer Verfassung bekannte „Instituts*garantie*" des Eigentums in einem neuen Gewande[77]. Auch zur Vorstellung des Bundesverfassungsgerichts, Art. 14 I 1 GG enthalte eine „grundlegende Wertentscheidung zugunsten des Privateigentums"[78], bestehen Verbindungen. Jedenfalls *hier* tauchen Anleihen bei den überkommenen zivilrechtlichen Eigentumsvorstellungen auch in der Rechtsprechung des Bundesverfassungsgerichts auf[79].

b) Die dargestellten Gestaltungsprinzipien stehen indessen nicht absolut. Beim zivilrechtlichen (und vereinzelt auch beim öffentlichrechtlichen) Interessenausgleich unter *Privaten*[80] treten die genannten Strukturprinzipien regelmäßig auf *beiden* Seiten in Erscheinung. Teilweise im privatrechtlichen Interessenausgleich, vor allem aber bei inhaltsbestimmenden Normen des öffentlichen Rechts ist *gleichzeitig* die Sozialbindung des Art. 14 II GG Gestaltungsprinzip. Das Bundesverfassungsgericht sieht in Art. 14 II GG eine „verbindliche Richtschnur" für den inhaltsbestimmenden Gesetzgeber[81]. Art. 14 II GG enthält also ebenfalls einen Gestaltungsauftrag an den Gesetzgeber, wenn auch inhaltlich nicht konkretisiert und daher auf wesentlich abstrakterer Ebene als Art. 14 I 1 GG. *So* gesehen mag es sich rechtfertigen lassen, wenn das Bundesverfassungsgericht einerseits die Strukturprinzipien des Privateigentums, andererseits aber auch die „verbindliche Richtschnur" des Art. 14 II GG als „normative Elemente" eines „Sozialmodells" sieht, welches der inhaltsbestimmende Gesetzgeber verwirklichen müsse[82].

c) Beide normativen Elemente des Sozialmodells stehen nach einer Formulierung des Bundesverfassungsgerichts in einem „dialektischen Verhältnis"[83]. Der Gesetzgeber muß beiden Elementen „in *gleicher* Weise

---

[76] Nachweise wie in Fn. 75.

[77] Die Verbindung zur Institutsgarantie stellt BVerfGE 31, 240 ausdrücklich her.

[78] BVerfGE 21, 155.

[79] BVerfGE 1, 264 (Ls 4 u S. 278) hatte formuliert, Art. 14 GG schütze das Rechtsinstitut des Eigentums, „so wie es das bürgerliche Recht und die gesellschaftlichen Anschauungen geformt haben".

[80] Einschlägige Fälle: BVerfGE 42, 263 – Contergan; 53, 257 – Versorgungsausgleich.

[81] BVerfGE 37, 132 (140); 25, 112 (117).

[82] Grundlegend zu dieser Sicht BVerfGE 37, 132 (140); zuletzt BVerfGE 52, 1 (29). In der Sache gleich auch BVerfGE 58, 137 (147); 58, 330 (335).

[83] BVerfGE 37, 132 (140).

Rechnung tragen; er muß die schutzwürdigen Interessen der Beteiligten in einen *gerechten Ausgleich* und in ein *ausgewogenes Verhältnis* bringen"[84]. Hierbei hat der Gesetzgeber einen „relativ weiten Gestaltungsbereich"[85]. Ob der Gesetzgeber die Grenzen seiner Gestaltungsfreiheit überschritten hat, beurteilt das Bundesverfassungsgericht im Rahmen von Art. 14 I 2 GG[86] nach den gleichen Grundsätzen, nach welchen es stets entscheidet, wenn kollidierende Verfassungsgüter zum Ausgleich zu bringen sind[87]: nach dem Grundsatz der Verhältnismäßigkeit. Aus der Sicht des Eigentümers bedeutet das im einzelnen[88]: Soweit dem Eigentümer Strukturprinzipien des Eigentums vorenthalten werden, muß die Inhaltsbestimmung (1) „geeignet sein, um das angestrebte Gemeinwohlziel bzw. den privatrechtlichen Interessenausgleich zu fördern. (2) Die Regelung muß „notwendig" sein, d. h. es darf kein „milderes Mittel" geben, um das Ziel gleich wirksam zu fördern. (3) Die Regelung darf „nicht übermäßig belastend und deshalb unzumutbar sein" (= Grundsatz der Verhältnismäßigkeit im engeren Sinne[89]). „Eine *einseitige* Bevorzugung oder Benachteiligung der einen oder anderen Seite steht mit den verfassungsrechtlichen Vorstellungen eines sozial gebundenen Privateigentums nicht im Einklang"[90].

Ob eine eigentumsungünstige Regelung ungeeignet ist oder ob sich ein milderes Mittel finden läßt, ist zumeist verhältnismäßig eindeutig entscheidbar. Ob der Grundsatz der Verhältnismäßigkeit im engeren Sinne verletzt ist, hängt hingegen von Wertungen ab. Insoweit geben zwei Aussagen des Bundesverfassungsgerichts zu Art. 14 II GG wichtige Anhaltspunkte. Wenn das Gericht die sozialen Aspekte in einem „dialektischen" Verhältnis zu den Strukturprinzipien des Art. 14 I 1 GG sieht, dürfte es ihnen im *Prinzip* einen *gleichen* Rang zugestehen. *Beides* gehört *gleichzeitig* und *gleichwertig* zum Privateigentum. In der Sache liegt darin eine Absage an die verbreitete, an liberalstaatlichem Gedankengut orientierte Vorstellung und Wertungsprämisse[91], Art. 14 II GG ermögliche es

---

[84] BVerfGE 52, 1 (29); 50, 290 (339 ff.); 37, 132 (140 f.); 25, 112 (118).

[85] BVerfGE 42, 263 (294); auch BVerfGE 37, 132 (140); 21, 73 (83); 8, 71 (80).

[86] Insoweit besonders deutlich BVerfGE 52, 1 (29); 55, 249 (258).

[87] Für verfassungsimmanente Grundrechtsschranken s. insoweit den Überblick bei *Schwerdtfeger* (s. Fn. 87) Rdnr. 555 ff.

[88] S. die Zusammenstellung in BVerfGE 21, 155.

[89] Näheres zu diesen Kriterien bei *Schwerdtfeger*, aaO, Rdnr. 555 ff.

[90] BVerfGE 52, 1 (29); 37, 132 (140 f.).

[91] Näheres zu ihr bei *Schwerdtfeger*, Unternehmerische Mitbestimmung der Arbeitnehmer und Grundgesetz, 1972, S. 219 ff.

lediglich, das Eigentum mit „sozialen Hypotheken" zu belasten. Mit welchem *Gewicht* soziale Belange im *Einzelfall* zu Buche schlagen, hängt insbesondere davon ab, ob und in welchem Ausmaß das Eigentumsobjekt in einem sozialen Bezug und einer sozialen Funktion steht. Je stärker Nichteigentümer auf die Nutzung fremden Eigentums angewiesen sind, um so weiter ist der Gestaltungsbereich des Gesetzgebers zu Lasten des Eigentümers. Der Gestaltungsbereich verengt sich, wenn dies nicht oder nur in begrenztem Umfang der Fall ist[92]. Instruktives Beispiel für die Annahme eines weiten Gestaltungsbereichs ist das Mitbestimmungsurteil des Bundesverfassungsgerichts[93].

d) In der Literatur wird immer wieder versucht, zugunsten des Eigentümers *zusätzlich* die Wesensgehaltsgarantie des Art. 19 II GG fruchtbar zu machen. Die Naßauskiesungsentscheidung stellt nunmehr klar[94], daß die Wesensgehaltsgarantie durch die vorgenannten Grundsätze erfüllt wird, also keine eigenständige, zusätzliche Bedeutung für die Inhaltsbestimmung hat. (Art. 19 II GG hatte nur die Funktion, dem Verfassungsinterpreten und besonders dem Bundesverfassungsgericht gleich nach Inkrafttreten des Grundgesetzes die *Richtung* zu weisen. Eigenständig *subsumtionsfähig* ist sein Inhalt *nicht*[95].)

e) Nur der Vollständigkeit halber sei erwähnt, daß der inhaltsbestimmende Gesetzgeber *auch* Verfassungsnormen außerhalb des Art. 14 GG einhalten muß, so z.B. die föderale Gesetzgebungkompetenz[96] und Art. 80 GG[97]. Mit *diesem* Ansatz spielt insbesondere auch der *Gleichheitsgrundsatz* des Art. 3 I GG herein[98].

V. Gesetzliche Inhaltsbestimmung (Art. 14 I 2 GG) und Bestandsgarantie (Art. 14 I 1 GG)

1. Die Bestandsgarantie gegen inhaltsbestimmende Gesetze

Nunmehr wende ich mich der *subjektivrechtlichen* Bestandsgarantie des Art. 14 I 1 GG zu, welche die *konkrete* Vergegenständlichung des Eigentums in der Hand eines *individuellen* Eigentümers schützt.

---

[92] So BVerfGE 52, 1 (32); 42, 263 (294); 38, 348 (370); 37, 132 (140).
[93] BVerfGE 50, 290 (339 ff.).
[94] BVerfGE 58, 300 (348).
[95] Näheres dazu bei *Schwerdtfeger* (s. Fn. 87), Rdnr. 570.
[96] BVerfGE 24, 367 (384 f.); 34, 139 (146); 40, 371 (378); 58, 137 (145).
[97] BVerfGE 58, 137 (146).
[98] BVerfGE 32, 1 (30) m. w. Nachw.; 58, 137 (150).

a) Es ist klar, daß der Gesetzgeber auf die Bestandsgarantie stößt, wenn er bestehende Rechte *entzieht* oder die Exekutive zu entsprechendem Handeln ermächtigt. Wie ist es aber, wenn der Gesetzgeber das bestehende Eigentum als solches unangetastet läßt, nur seinen *Inhalt* nachteilig verändert? Gegenüber *Exekutive* und *Rechtsprechung* garantiert Art. 14 I 1 GG den Bestand des Eigentums *so*, wie er durch inhaltsbestimmende Gesetze festgelegt ist. Genießt die bisherige Inhaltsbestimmung entsprechenden Bestandsschutz, wenn der *Gesetzgeber* den Eigentumsinhalt *neu* festlegt? *Im Prinzip* gewährt das Bundesverfassungsgericht insoweit *keinen* Bestandsschutz. Denn nach der Naßauskiesungsentscheidung ist die Bestandsgarantie *nicht* einschlägig, wenn allen Grundeigentümern die bisher vorhandene *abstrakte* Befugnis entzogen wird, das Grundwasser in Anspruch zu nehmen[99]. Diese Sicht ist konsequent und als *prinzipieller* Ausgangspunkt zu billigen. Wie erwähnt wurde, ist Grundfunktion der Eigentumsgarantie, dem Eigentümer einen Freiraum im vermögensrechtlichen Bereich zu sichern. Wenn auch die *neue* Inhaltsbestimmung einen hinreichenden Freiraum zugesteht, ist nicht ersichtlich, warum der *alten* Inhaltsbestimmung über die Bestandsgarantie ein *besonderer* Schutz zukommen sollte. Von diesem Grundsatz sind aber Ausnahmen zu machen, welche statistisch gesehen eher den Regelfall markieren.

Denkt man an „normale" Grundstücke, hatte die bisherige *abstrakte* Eigentümerbefugnis, das Grundwasser in Anspruch zu nehmen, für den Grundstückseigentümer keine irgendwie aktuelle Relevanz. Welcher Grundstückseigentümer kommt schon auf den Gedanken, das Grundwasser auszunutzen. Die Grundsituation ist aber anders, wenn es sich um ein ausbeutungswürdiges Kiesgrundstück handelt. *Hier* hat die abstrakte Befugnis, das Grundwasser in Anspruch nehmen zu dürfen, *aktuelle* Bedeutung, *auch* wenn der Kies*abbau* bisher *nicht* betrieben wurde. Das zeigt sich etwa im Verkehrswert des Grundstücks. Analysiert man die vielen Fälle[100], in welchen das Bundesverfassungsgericht vor der Naßauskiesungsentscheidung neue Inhaltsbestimmungen auf der Grundlage der *bisherigen* Rechtslage *ohne weiteres* an der Bestandsgarantie gemessen hat, so handelte es sich *stets* um Konstellationen, in welchen der bisherige Eigentumsinhalt nicht nur abstrakt-potentielle, sondern *aktuelle* Rele-

---

[99] BVerfGE 58, 300 (337 f.).
[100] S. etwa BVerfGE 58, 81 (109 ff.) – Rentenanwartschaft; 53, 257 (293, 309) – Versorgungsausgleich; 50, 290 (340 f.) – Mitbestimmung; 31, 285 ff. – UrheberG; 51, 219 f. – Entzug eines Warenzeichens; 42, 294 – Contergan.

vanz hatte. In derartigen Fällen *ist* die Bestandsgarantie einschlägig[101], wenn der Eigentumsinhalt neu bestimmt werden soll. Das Bundesverfassungsgericht führt in anderem Zusammenhang aus[102], die Bestandsgarantie solle dem Bürger Rechtssicherheit hinsichtlich der durch die Rechtsordnung anerkannten Vermögensrechte gewähren; ihr komme eine *rechtsbewahrende* Funktion zu. Darin liegt der Gedanke der Kontinuität. Sobald abstrakte Eigentümerbefugnisse für den Eigentümer nicht nur theoretische, sondern *aktuelle* Bedeutung haben, gebietet der Gedanke der Kontinuität, daß sie dem Eigentümer jedenfalls nicht *ohne weiteres* entzogen werden dürfen.

Zu diesen Fällen eines gleichsam „*einfachen*" Bestandsschutzes treten Fälle eines „*qualifizierten*" Bestandsschutzes. Sie liegen vor, wenn der Eigentümer von abstrakten Befugnissen unter Einsatz von Kapital und Arbeitskraft *Gebrauch* gemacht hat, wie im Ausgangsfall der Naßauskiesungsentscheidung unter Inanspruchnahme des Grundwassers eine Kiesgrube *betreibt*. Hier sind *eigenständig* eigentumskonstituierende Kriterien wie Arbeitskraft und Kapitalaufwand zwischengeschaltet. Daher begründet derartiges „Gebrauchmachen" von abstrakten Eigentümerbefugnissen nach der Naßauskiesungsentscheidung qualifizierten Bestandsschutz[103], allerdings nicht auf Dauer[104]. Eigentlich *geschützt* sind jetzt nicht die bisherigen *abstrakten* Befugnisse, sondern die geleistete Arbeit und der erfolgte Kapitaleinsatz. Insoweit bestätigt sich, daß der rechtsstaatliche Grundsatz des Vertrauensschutzes in Art. 14 I 1 GG eine eigene Ausprägung und verfassungsrechtliche Ordnung erfahren hat[105]. Wenn sich Ar-

---

[101] Auf gleicher Linie BGHZ 77, 338 f.; 72, 211 (216), welchem für den Bestandsschutz „eine vernünftigerweise in Betracht zu ziehende Nutzungsmöglichkeit" ausreicht. BVerwGE 5, 143 (145 f.) stellte auf die „Baulandeigenschaft" ab. Über eine „eigentumskräftig verfestigte Anspruchsposition" gewährt das Bundesverwaltungsgericht Bestandsschutz, wenn eine noch nicht verwirklichte Grundstücksnutzung „legal und in der gegebenen Situation des Grundstücks in einer Weise angelegt ist, daß sie sich der darauf reagierenden Verkehrsauffassung als angemessen aufdrängt"; BVerfG, NJW 1976, 765, 767; BVerwGE 55, 272.

[102] BVerfGE 51, 193 (218).

[103] BVerfGE 58, 300 (338, 348 ff.).

[104] BVerfGE 58, 300 (350 f.).

[105] BVerfGE 58, 300 (349 f.); 31, 276 (293); 36, 281 (293); 58, 81 (121). Auf gleicher Linie liegen § 44 III, IV BBauG, wonach bei bauplanungsrechtlichen Veränderungen von Nutzungsmöglichkeiten Entschädigungsansprüche für *ausgeübte* Nutzungen gewährt werden. – Von Konstellationen der im Text dargestellten Art sind Fälle zu unterscheiden, in welchen etwa ein Gewerbebetrieb rechtliche Möglichkeiten ausnutzt, welche als solche *nicht* den *Eigentums*inhalt bestimmen

beitskraft und Kapitaleinsatz noch amortisieren können, entfällt der Bestandsschutz[106].

b) Die bisherigen Überlegungen verschieben sich parallel, wenn der Gesetzgeber die *Exekutive* zu Eigentumseingriffen nach ihrem *Ermessen* ermächtigt. Derartige Ermächtigungen sind an der Bestandsgarantie zu messen, soweit die Bestandsgarantie im Augenblick des exekutiven Einschreitens relevant sein *wird.* Wichtig ist, daß der Bestandsschutz noch *entstehen* kann, *nachdem* eine Eingriffsermächtigung für die Exekutive und damit die generell-abstrakte Duldungspflicht potentiell betroffener Eigentümer geschaffen worden *ist.* Das sei am Beispiel des qualifizierten Bestandsschutzes wegen Gebrauchmachens von einer abstrakten Eigentümerbefugnis erläutert: Die Exekutive ist gesetzlich ermächtigt, zum Schutze prähistorischer Denkmäler Benutzungsbeschränkungen für Grundstücke anzuordnen. Die bloße *Möglichkeit,* daß die Verwaltung – nach ihrem *Ermessen* – von dieser Ermächtigung Gebrauch machen *könnte,* vielleicht erst nach vielen Jahren, vielleicht gar nicht, hindert einen Grundstückseigentümer *nicht,* legal unter Investierung von Zeit und Arbeitskraft ein Sandvorkommen auf seinem Grundstück auszubeuten. Macht die Exekutive schließlich von ihrem Ermessen Gebrauch, stößt sie auf den zwischenzeitlich entstandenen *spezifischen* Bestandsschutz einer *betriebenen* Sandgrube[107]. Die gesetzliche Ermächtigung muß gerade auch geeignet sein, *diesen* erst *nach* Inkrafttreten des Gesetzes entstandenen Bestandsschutz zu überwinden.

2. Art. 14 I 2 GG als Eingriffsermächtigung

Art. 14 I 2 GG ermächtigt den Gesetzgeber nach ständiger Rechtsprechung des Bundesverfassungsgerichts *auch,* in *bestandsgeschütztes* Eigentum *einzugreifen* oder die Exekutive zu entsprechenden Eingriffen zu ermächtigen[108]. Das wird etwas verdeckt, wenn das Bundesverfassungsge-

---

(private Müllabfuhr, welche darauf aufbaute, daß die Gemeinde bisher auf eine eigene Müllabfuhr mit Anschluß- und Benutzungszwang verzichtet hatte; BVerwG, NJW 1982, 63). Hier geht es um die ganz andere Frage, ob der Gewerbebetrieb *als solcher* Eigentumsschutz gegen eine *mittelbare* Eigentumsbeeinträchtigung genießt, wenn die *nicht eigentumsbezogene* Existenzgrundlage fortfällt (verneint von BVerwG, NJW 1982, 63; BGHZ 78, 45 – zusammenfassend mit Hinweis auf Ausnahmefälle des Vertrauensschutzes).
[106] Vgl. BVerfGE 58, 300 (350 ff.); der Kiesabbau konnte noch 17 Jahre über die Neuregelung hinaus fortgesetzt werden.
[107] Vergleichbare Konstellation in BGHZ 77, 338.
[108] S. Fn. 100 sowie insbes. BVerfGE 31, 275 (284 f.).

richt den Funktionsbereich des Art. 14 I 2 GG in der „Kleingartenentscheidung" und in der „Naßauskiesungsentscheidung" *verbal*
auf die *in die Zukunft gerichtete* generell-abstrakte Inhaltsbestimmung
(= Kontext soeben IV.) konzentriert[109].

Inwieweit der Gesetzgeber über Art. 14 I 2 GG in konkrete Eigentümerpositionen eingreifen oder die Exekutive zu Eingriffen ermächtigen
kann, beurteilt sich nach den „allgemeinen Lehren" über die Zulässigkeit
von Grundrechtseingriffen[110]. Der Eingriff ist im Lichte der Bedeutung
der Bestandsgarantie zu sehen. Er muß daher geeignet, notwendig und
verhältnismäßig sein, um das gesetzgeberische Ziel zu fördern. Es geht
also wiederum um den Grundsatz der Verhältnismäßigkeit[111]. Anders als
bei der in die Zukunft gerichteten institutionellen Frage nach der verfas-
sungsmäßigen Inhaltsbestimmung stehen auf seiten des Eigentums jetzt
aber keine abstrakten Strukturprinzipien, sondern *konkrete* Interessen
individueller Eigentümer.

Nicht *notwendig* ist der Eingriff in das bestandsgeschützte Eigentum
insbesondere, wenn sich bei einer Neubestimmung des Eigentumsinhalts
– wie im Kiesgrubenfall[112] – „weiche" Übergangslösungen finden lassen[113].
Sonst sind durchaus auch „harte" Eingriffe zulässig. Für sie gilt nach den
allgemeinen Grundrechtslehren die Faustregel: Je intensiver der Eigentumseingriff ist, um so „hochwertiger" müssen die Gemeinwohlgüter
sein, zu deren Gunsten der Gesetzgeber in das Eigentum eingreift oder
die Exekutive zu Eingriffen ermächtigt. Wie die Konfiskation der instru-
menta sceleris[114], die Tötung seuchenverdächtiger Tiere[115] oder die
Zwangsversteigerung von Grundstücken[116] zeigen, kann Art. 14 I 2 GG
selbst intensivste Eingriffe in bestandsgeschützte Eigentümerpositionen
ermöglichen.

---

[109] BVerfGE 52, 1 (27), andererseits aber (28); 58, 300 (330, 338), andererseits
(351).
[110] Einzelheiten zu ihnen bei *Schwerdtfeger* (s. Fn. 87), Rdnr. 555 ff.
[111] S. etwa die Untersuchungen in BVerfGE 58, 300 (348 ff.); 31, 275 (289 ff.);
BVerwGE 56, 186 (203 f.).
[112] S. soeben Fn. 109.
[113] BVerfGE 58, 300 (351); 31, 275 (285, 290); 36, 281 (293); 43, 242 (288).
[114] BVerfGE 22, 387 (422).
[115] BVerfGE 20, 351 (359); BVerwGE 7, 257 (261); 12, 87 (96); 39, 190 (194).
[116] BVerfGE 49, 220.

VI. Das Anwendungsfeld des Art. 14 III GG, Enteignungsbegriff

1. Das systematische Zusammenspiel von Art. 14 I 2 und Art. 14 III GG

Eingriffe in das bestandsgeschützte Eigentum sind indessen auch das Anwendungsfeld der Enteignungsvorschrift des Art. 14 III GG. Der Anwendungsbereich des Art. 14 I 2 GG findet daher seine systematische Grenze, wo Art. 14 III GG einschlägig ist. Eingriffe in bestandsgeschütztes Eigentum, welche „Enteignungen" im *Rechtssinne* des Art. 14 III GG sind, muß der Gesetzgeber auf Art. 14 III GG stützen. Mit diesem Ansatz muß jetzt der Rechtsbegriff der Enteignung bestimmt werden.

2. „Enteignung" als Rechtsbegriff: gesicherter Bestand („klassische" Enteignung und „Aufopferungsenteignung")

In der Rechtsprechung des Bundesverfassungsgerichts sind nur *zwei* Eingriffstatbestände ersichtlich, welche als Enteignungen im Rechtssinne des Art. 14 III GG angesehen werden: die „klassische" Enteignung und die „Aufopferungsenteignung". Bei der „klassischen" Enteignung nimmt der Staat ein Grundstück oder bewegliches Vermögen in Anspruch, weil er es *positiv* für einen öffentlichen Zweck *einsetzen* oder *zur Verfügung stellen* will[117]. Eine „klassische" Enteignung liegt auch vor, wenn der Eigentumsgegenstand für den jeweiligen Verwaltungszweck nicht *voll*, sondern nur in Bezug auf einzelne Eigentümerbefugnisse in Anspruch genommen wird, etwa im Rahmen einer Grunddienstbarkeit. Die „klassische" Enteignung ist von besonderer *Qualität*. Liegt diese Qualität vor, sind die Weichen von vornherein ausschließlich zu Art. 14 III GG hin gestellt, unabhängig davon, wie intensiv der Eigentumseingriff *quantitativ* ist. Art. 14 I 2 GG darf nicht geprüft werden.

„Aufopferungsenteignung" ist die schlichte *Aufhebung* eines Rechts durch Gesetz[118]. Das gilt *jedenfalls* für die *völlige* Aufhebung[119]. *Teilaufhe-*

---

[117] Zu dieser Charakterisierung s. etwa BVerfGE 20, 351 (359); 42, 299; *Böhmer*, BVerfGE 56, 271 f.

[118] BVerfGE 31, 275 (293); 45, 332; 53, 349; 58, 300 (321).

[119] Als Beispiele s. etwa BVerfGE 53, 336 (349) – Entziehung eines Erstattungsanspruches durch das EisenbahnkreuzungsG; BGHZ 77, 179 (187) – Aufhebung eines (günstigen) privatrechtlichen Fernheizvertrages durch Satzung; BVerwGE 26, 259 – gesetzliche Abschaffung dinglicher Rechte zur Vatertierhaltung in Bayern.

bungen beurteilt das Bundesverfassungsgericht zunächst im Rahmen von Art. 14 I 2 GG[120]. Wenn eine Teilaufhebung im Rahmen von Art. 14 I 2 GG am Grundsatz der Verhältnismäßigkeit (im engeren Sinne der Rechtsgüterabwägung) scheitert, muß auch schon die Teilaufhebung auf dem gleichen Wege wie die Vollaufhebung erreicht werden können: über Art. 14 III GG[121]. Im Einzugsbereich der „Aufopferungsenteignung" besteht also ein fließender Übergang von Art. 14 I 2 GG zu Art. 14 III GG. Die „Aufopferungsenteignung" ist lediglich von anderer *Quantität* als der Eingriff in bestandsgeschütztes Eigentum nach Art. 14 I 2 GG. Das Bundesverfassungsgericht hat die „Aufopferungsenteignung" nicht im Blick, wenn es formuliert, die Enteignung sei ein eigenständiges Rechtsinstitut[122], eine verfassungswidrige Inhaltsbestimmung sei „unwirksam und nicht eine Enteignung i. S. des Art. 14 III GG"[123]. Diese Aussage ist gemeint und zutreffend für in die *Zukunft* gerichtete Inhaltsbestimmungen (Kontext soeben IV.) und – bei Eingriffen in bestandsgeschütztes Eigentum – für das Verhältnis von Eigentumseingriffen nach Art. 14 I 2 GG (Kontext soeben V. 2.) zur „klassischen" Enteignung. Im Zusammenhang mit der *Teil*entziehung von *Rechten*, welche (im Rahmen von Art. 14 I 2 GG) an der Bestandsgarantie des Art. 14 I 1 GG scheitern, spricht das Bundesverfassungsgericht *selbst* von „Enteignung"[124].

3. Einordnungsprobleme zum „enteignenden" Eingriff

a) *Ungeklärte* Zuordnungsprobleme werfen vor allem die Fallgestaltungen auf, welche der Bundesgerichtshof und neuerdings auch das Bundesverwaltungsgericht als „enteignende" Eingriffe bezeichnen. Wie schon gesagt wurde[125], geht es um (unmittelbare) *faktische Nebenwirkungen* staatlichen Handelns, welches als solches „an sich " rechtmäßig sein soll (bei Hand- und Spanndiensten beschädigtes Fahrzeug, durch Straßenbau abgeschnittenes Gehöft). Die praktische Relevanz des Problems liegt nach dem Gesagten in der Junktim-Klausel. *Wenn* es sich bei den „enteignenden" Eingriffen um „Enteignungen" im Rechtssinne des Art. 14 III GG handeln würde, müßten die Gesetze, welche das staatliche Han-

---

[120] S. Fn. 100, 108.
[121] Deutlich etwa BVerfGE 31, 275 (289 ff.).
[122] S. bei Fn. 42.
[123] BVerfGE 52, 1 (27); 58, 137 (145); 58, 300 (320).
[124] BVerfGE 58, 300 (321, 322).
[125] Bei Fn. 32.

deln gestatten, *selbst* Entschädigungsregelungen enthalten. Diese müßten ihre Anwendungsfälle (außerdem) *genau* spezifizieren. Derartige Entschädigungsregelungen sind durchgehend nicht vorhanden. Teilweise enthalten die einschlägigen Gesetze *keine* Entschädigungsregelung. Soweit im einschlägigen Spezialgesetz Entschädigungsregelungen enthalten sind[126], handelt es sich regelmäßig um „Salvatorische Klauseln"[127], welche den Anforderungen der Junktim-Klausel nicht genügen würden[128].

Wie ich schon andeutete[129], hat der BGH *selbst* seine Rechtsprechung aus der engen Anlehnung an Art. 14 III GG befreit. Nach meiner Auffassung spricht alles dafür, die „enteignenden Eingriffe" im Rahmen von Art. 14 I 2 GG anzusiedeln und *nicht* als Enteignungen i. S. des Art. 14 III GG auszugeben[130]. Ich will zunächst darstellen, wie sich der enteignende Eingriff nach dem Maßstab der allgemeinen Grundrechtslehren sowohl für das „dulde" (nachfolgend b) wie auch für das „liquidiere" (nachfolgend c) organisch in Art. 14 I 2 GG einfügen läßt. Erst anschließend (nachfolgend d) *begründe* ich meine Entscheidung zugunsten der Anwendbarkeit des Art. 14 I 2 GG.

b) Am leichtesten sind Fälle wie der Beispielsfall der Hand- und Spanndienste[131] in den Griff zu bekommen. Der Staat legt dem Eigentümer hier lediglich das *Risiko* auf, daß ein Eigentumsverlust eintreten *könnte*. Die verhältnismäßig entfernte *Möglichkeit*, daß sich das Risiko verwirklicht, hat kein hinreichendes Gewicht, um den öffentlichen Interessen an Hand- und Spanndiensten *entscheidend* entgegentreten zu können. Am Ende einer gleitenden Skala, auf welcher die Wahrscheinlichkeit eines Eigentumsverlustes immer größer wird[132], stehen Fälle, in welchen

---

[126] S. etwa § 8 a IV (Zufahrten) und § 8 a V (Betriebsgefährdungen bei Baumaßnahmen) BFStrG; § 15 I 1 WirtschaftssicherstellungsG; § 19 III WHG (Wasserschutzgebiete).

[127] Insoweit typische Formulierung in § 19 III WHG; „Stellt eine Anordnung nach Absatz 2 (Wasserschutzgebiet) eine Enteignung dar, so ist dafür Entschädigung zu leisten".

[128] Dazu ausführlich Felix *Weyreuther*, Über die Verfassungswidrigkeit salvatorischer Entschädigungsregelungen im Enteignungsrecht, 1980; *Leisner*, DVBl. 1981, 76; beide mit Überblick über den Streitstand.

[129] Bei Fn. 36.

[130] Im Zusammenhang mit der Junktim-Klausel offengelassen in BVerfGE 58, 300 (346).

[131] BGHZ 28, 310. S. ferner etwa BGHZ 37, 44 – Waldbrand nach Übungsschießen; „Querschläger" beim Schußwaffengebrauch der Polizei.

[132] S. etwa BGH, NJW 1980, 770 – Saatschäden durch Möwen und Krähen wegen Mülldeponie; BGHZ 80, 111 – Überflutungen im Gefolge von Hochwasserschutzanlagen; BGHZ 57, 376 – Hausschäden durch Grundwassersenkung.

ganz konkrete Eigentumsverluste als Nebenfolgen des staatlichen Handelns mehr oder minder *sicher* sind. Hierher gehören Straßenbauarbeiten, welche Gewerbebetriebe vernichteten[133], oder die neue Straße, durch welche ein Grundstück seine Benutzbarkeit total verliert, weil es auf engstem Raum zwischen zwei Hauptverkehrsadern eingeschlossen wird[134]. Wenn man sich auf die vom Bundesverfassungsgericht auch für Art. 14 I 2 GG *ausdrücklich*[135] zugestandene Tatsache besinnt, daß dem Gesetzgeber eine *Typisierungskompetenz* zukommt[136], kann der Gesetzgeber den Eigentümern in derartigen Fällen den Eigentums- oder Substanzverlust trotz der Intensität des Grundrechtseingriffs nach den allgemeinen Grundrechtslehren im Rahmen von Art. 14 I 2 GG zumuten. Beim Neubau einer Straße werden anliegende Grundstücke *typischerweise* nur in einer Intensität betroffen, welche der Eigentümer nach dem Grundsatz der Verhältnismäßigkeit ohne weiteres *hinnehmen* muß[137]. Daß *(intensive) Bestandsverluste* eintreten, ist atypisch. Sie kann der Gesetzgeber nach dem Grundsatz der Verhältnismäßigkeit[138] übergehen. Wenn man sich dazu entschließen kann, die Typisierungskompetenz des Gesetzgebers in dieser Weise fruchtbar zu machen, ist ein übergeordneter Gedanke vorhanden, durch welchen wohl *alle* Fälle des enteignenden Eingriffs erfaßt werden, auch die vorhin eigenständig abgehandelten (bloßen) Risikofälle.

c) Von der bisher nur erörterten Frage, ob dem Eigentümer im Rahmen von Art. 14 I 2 GG gesetzlich die *Duldung* des „enteignenden" Eingriffs auferlegt werden kann, ist die Anschlußfrage[139] zu unterscheiden, ob dies *ohne Entschädigung* geschehen darf. Es lassen sich Entscheidungen des Bundesverfassungsgerichts nachweisen[140], welche wegen des

---

[133] Zusammenfassend zur Rechtsprechung des BGH insoweit BGHZ 57, 359 ff.
[134] S. bei Fn. 38.
[135] BVerfGE 58, 81 (117).
[136] S. auch etwa BVerfGE 13, 117 f.; 17, 241; 25, 247; 30, 314. Umfassend *Isensee*, Die typisierende Verwaltung, 1976; zusammenfassend *Schwerdtfeger*, Zur Verfassungsmäßigkeit der paritätischen Mitbestimmung, 1978, S. 115 ff.
[137] S. dazu BGHZ 57, 359 ff.; 66, 173 (177 f.); 80, 360 (363).
[138] Zu diesem Maßstab bei der Typisierung s. etwa BVerfGE 13, 118; 25, 248; 17, 242 f.; 21, 27; *Isensee* (Fn. 136) S. 169 f.
[139] Zu diesem „Zweitaktverfahren" s. Lerke *Osterloh*, NJW 1982, 2537 (2543).
[140] Unter Hinweis auf BVerfGE 14, 263 (283 ff.) – Feldmühle; 31, 229 (242 ff.) – Urheberrecht; 49, 382 (399 ff.) – auch Urheberrecht; 57, 107 (117) – TierseuchenG; 58, 137 (147 ff.) – Pflichtexemplare; im einzelnen dargestellt bei *Osterloh*, NJW 1982, 2537 ff. Parallelentscheidungen zu Art. 12 I GG BVerfGE 54, 251 – Vormundschaft.

Grundsatzes der Verhältnismäßigkeit im *engeren* Sinne, also im Zusammenhang mit der Rechtsgüterabwägung, im Rahmen des Art. 14 I 2 GG Entschädigungsregelungen für erforderlich halten. Eine Analyse dieser Entscheidungen zeigt, daß es hierbei u. a. um *atypische* oder *außerordentliche* Eingriffe in die Bestandsgarantie und damit um gleiche Grundkonstellationen wie beim „enteignenden" Eingriff geht. Wegen des Atypischen spielt von Art. 3 I GG her regelmäßig *auch* der Gedanke des Sonderopfers, der Lasten*ungleichheit* herein[141]. Vor diesem Hintergrund läßt sich für den enteignenden Eingriff ebenfalls die Entschädigungsfrage im Rahmen von Art. 14 I 2 GG festmachen. Das hat besonders Lerke Osterloh[142] fundiert und abgesichert.

d) Läßt sich der „enteignende" Eingriff also ohne weiteres im Rahmen von Art. 14 I 2 GG unterbringen, ist es eine eher verfassungs*politische* Frage, ob man ihn gleichwohl dem Art. 14 III GG unterstellen und damit der Junktim-Klausel unterwerfen will. Die Junktim-Klausel ist einerseits Ausdruck besonderer Rechtsstaatlichkeit[143]. Die Flagge des Rechtsstaates wird indessen nicht *gestrichen*, wenn man die Fälle des „enteignenden Eingriffs", in welchen die Einhaltung der Junktim-Klausel offensichtlich größte Schwierigkeiten machen würde, dem Anwendungsbereich des Art. 14 I 2 GG zuweist. Entsprechendes gilt für die Warn- und Offenbarungsfunktion der Junktim-Klausel. Insoweit soll der Gesetzgeber gezwungen werden, über den Eigentumseingriff in Kenntnis der Tatsache zu entscheiden, daß auf die öffentlichen Haushalte bestimmte Belastungen zukommen werden[144]. Der Gesetzgeber richtet sich am typischen Fall aus. Daß wegen eines enteignenden Eingriffs in *atypischen* Fällen Entschädigungen gewährt werden müssen, wird die Entscheidung des Gesetzgebers allenfalls in seltenen Ausnahmefällen beeinflussen können. Im Zusammenhang mit dem „enteignenden" Eingriff kann auf die Warn- und Offenbarungsfunktion der Junktim-Klausel also ohne Schaden verzichtet werden.

---

[141] *Osterloh*, NJW 1982, 2541 ff.
[142] Das Prinzip der Eigentumsopferentschädigung im Zivilrecht und im öffentlichen Recht, 1980; *dies.*, NJW 1982, 2537.
[143] BVerfGE 46, 268 (287).
[144] Dazu BVerfGE 46, 268 (287).

4. Beschränkung des Enteignungsbegriffs
auf den gesicherten Bestand

So gesehen sollte man die Gelegenheit nutzen, den Enteignungsbegriff auf das zu begrenzen, was er stets enthielt: den unmittelbaren Zugriff auf das Eigentum durch *Rechtsakt* i. S. der klassischen Enteignung und der Aufopferungsenteignung. Bloß *faktische* Beeinträchtigungen wie der „enteignende Eingriff" sind keine Enteignungen.

Am liebsten würde ich auch die „Aufopferungsenteignung" aus Art. 14 III GG herausnehmen. Die Zuordnung zur Enteignung stammt aus der Rechtsprechung des Reichsgerichts[145], nach welcher die *Schutzfunktion* der Eigentumsgarantie über den „Enteignungsbegriff" laufen mußte. Weil unter dem Grundgesetz Art. 14 I 1 GG die Schutzfunktion des 153 II WV übernommen hat, würde die Aufopferungsenteignung auch im Rahmen von Art. 14 I 2 GG angesiedelt werden können; ebenfalls die Entschädigungsfrage ließe sich *dort* festmachen[146]. Weil die Rechtsprechung des Bundesverfassungsgerichts zur „Aufopferungsenteignung" gefestigt erscheint, dürfte sich die (Fehl)entwicklung[147] indessen nicht mehr korrigieren lassen.

Wenn das Bundesverfassungsgericht auch im Zusammenhang mit der Legalenteignung formuliert, die Enteignung entziehe einem *„bestimmten oder bestimmbaren Personenkreis"* konkrete Eigentumsrechte[148], so wird damit lediglich das typische *Bild* der „klassischen" Enteignung und der „Aufopferungsenteignung" *beschrieben.* Daß in das Eigentum eines „bestimmten oder bestimmbaren Personenkreises" eingegriffen wird, ist aber kein *Begriffsmerkmal* des *Rechtsbegriffs* Enteignung i. S. des Art. 14 III GG, welches scharfsinnigen Abgrenzungsversuchen zum „nicht mehr bestimmbaren Personenkreis" offenstehen könnte. Insbesondere liegt in der Formulierung des Bundesverfassungsgerichts auch kein Rückfall in die „Einzeleingriffstheorie" des Reichsgerichts oder in die „Sonderopfertheorie" des Bundesgerichtshofs[149]. Wie gezeigt wurde[150], stehen diese Theorien in Zusammenhang mit der *Schutzfunktion* des Art. 153 II WV und mit seiner Funktion als Anspruchsgrundlage für

---

[145] S. etwa RGZ 107, 375 f.; 111, 316 (325 f.); 136, 113 (123 f.); 139, 6 ff.
[146] S. bei Fn. 140.
[147] S. nachfolgend bei Fn. 170.
[148] BVerfGE 58, 300 (330); 52, 1 (27); 45, 297 (326).
[149] So aber *Bäumler,* DÖV 1980, 339.
[150] Bei Fn. 1 ff., 9 ff.

Entschädigungsansprüche. Wenn nach der Weimarer Verfassung schon keine „normalen" Eigentumseingriffe abgewehrt werden konnten, sollten Abwehr oder Entschädigung jedenfalls bei „gleichheitswidrigen" Eigentumseingriffen möglich sein. Art. 14 III GG *ermächtigt* in einem *neuen* Kontext zu Eingriffen in die spezifisch *eigentumsrechtliche* Bestandsgarantie des Art. 14 I 1 GG. Es ist kein Grund ersichtlich, warum Art. 14 III GG den Gesetzgeber zu Eingriffen in bestandsgeschütztes Eigentum *nur* ermächtigt haben sollte, wenn *neben* der Bestandsgarantie *gleichzeitig* auch der Gleichheitsgrundsatz Probleme aufwirft. – Der Enteignungsbegriff kann heute in der dargestellten Weise nur noch *typologisch* gewonnen, nicht aber wie zur Zeit der Weimarer Verfassung generell-abstrakt durch subsumtionsfähige Formeln („Enteignungstheorien") bestimmt werden.

VII. Art. 14 III GG als Ermächtigungsnorm

1. Legalenteignung – Administrativenteignung

Administrativenteignung ist der Zugriff auf bestandsgeschütztes Eigentum aufgrund gesetzlicher Ermächtigung durch die *Exekutive*. Die von Art. 14 III GG im Prinzip auch zugelassene *Legalenteignung* liegt nach der Begriffsbestimmung des Bundesverfassungsgerichts[151] vor, wenn ein Gesetz ohne Zwischenschaltung der Exekutive mit seinem Inkrafttreten unmittelbar selbst (außerhalb des Art. 14 I 2 GG) auf bestandsgeschütztes Eigentum zugreift.

Wenn das Bundesverfassungsgericht Legalenteignung und Administrativenteignung als jeweils eigenständige Rechtsinstitute einordnet[152], bringt es insbesondere zum Ausdruck, daß beide Formen der Enteignung nicht beliebig austauschbar oder kombinierbar sind[153]: Art. 14 I GG gewährleistet dem Eigentümer *auch* ein optimales *Verfahren*[154], in welchem sein Eigentum in Anspruch genommen wird und in welchem die Geeignetheit, Notwendigkeit und Verhältnismäßigkeit der Inanspruchnahme *einzelfallbezogen* überprüft werden können[155]. *Wenn* von der Sache her *Raum* für

---

[151] S. BVerfGE 45, 297 (326, 329).
[152] S. bei Fn. 42.
[153] BVerfGE 45, 297 (330 ff.).
[154] S. etwa BVerfGE 37, 132 (141, 148); 46, 325 (334); 49, 220 (225). Zum Grundrechtsschutz durch Verfahrensgestaltung zusammenfassend BVerfGE 53, 30 (65, 71 ff.) – Atomkraftwerk Mülheim-Kärlich.
[155] S. insoweit BVerfGE 45, 297 (335).

eine *exekutive* Einzelfallentscheidung *besteht, muß* sie vom Gesetzgeber zwischengeschaltet werden. Hinzu[156] tritt die Tatsache, daß der (unmittelbar durch Art. 14 I 1 GG garantierte[157]) Rechtsschutz in der Regel nur gegen exekutives Handeln in Anspruch genommen werden kann. Demgemäß sind im Bereich der „klassischen" Enteignung „Legalenteignungen" nur in seltenen Ausnahmefällen möglich[158]. Das eigentliche Feld der Legalenteignung ist die „Aufopferungsenteignung"[159].

2. „Gemeinwohl" als Enteignungsvoraussetzung

Die für Administrativ- und Legalenteignung gemeinsame Voraussetzung, daß sie „nur zum Wohle der Allgemeinheit zulässig" sind, ist bisher nur teilweise geklärt.

a) Enteignungen *ausschließlich* zugunsten privater Interessen sind unzulässig[161]. Prinzipiell sind es *alle* Gemeinwohlbelange, welche eine Enteignung rechtfertigen können. Wie das Bundesverfassungsgericht formuliert, gibt Art. 14 III 2 GG „dem Gesetzgeber auf, aus dem *vielfältigen* Bereich der Gemeinwohlaufgaben diejenigen Sachgebiete auszuwählen, für die er die zwangsweise Verwirklichung durch Enteignung zulassen oder anordnen will"[162].

b) Der *zentralen* Frage, wie *gewichtig* diese Gemeinwohlaufgaben sein müssen, ist das Bundesverfassungsgericht in seiner Entscheidung zur „Dürkheimer Gondelbahn"[163] aber ganz offensichtlich ausgewichen. Das macht das abweichende Votum des Bundesverfassungsrichters Böhmer deutlich[164]. Böhmer selbst schlägt eine enge Auslegung und Handhabung des Gemeinwohlerfordernisses vor. Das Vorhaben müsse eine *dringende*

---

[156] BVerfGE 45, 297 (331 ff.) stellt *darauf* (und auf Aspekte der Gewaltenteilung) *entscheidend* ab.

[157] Vgl. BVerfGE 35, 348 (361); 37, 132 (141); 45, 297 (333).

[158] Beispiel: BVerfGE 24, 367 – gesetzliche Überführung von Deicheigentum in öffentliches Eigentum.

[159] Beispiele in Fn. 119.

[160] So BVerfGE 24, 267 (404).

[161] Ob und inwieweit eine „Parallelität" mit öffentlichen Interessen die Enteignung zugunsten eines Privaten rechtfertigen kann, ist strittig und in der Diskussion (*Breuer*, DVBl. 1981, 974 f.) um einschränkende Ausführungen des Bundesverfassungsrichters *Böhmer* (BVerfGE 56, 284 ff.) zum Fall der „Dürkheimer Gondelbahn" von aktueller Bedeutung. – Zum Gemeinwohlerfordernis allgemein s. Michael *Frenzel*, Das öffentliche Interesse als Voraussetzung der Enteignung, 1978.

[162] BVerfGE 56, 249 (261); 24, 367 (403 f.).

[163] BVerfGE 56, 249.

[164] BVerfGE 56, 266 (267 f.); s. ferner *Breuer*, DVBl. 1981, 971 f.

staatliche Aufgabe befriedigen[165]; z. B. auf Freizeitinteressen der Bürger könnten „klassische" Enteignungen nicht gestützt werden[166]. Folgt man den schon dargestellten[167] allgemeinen Grundrechtslehren, scheint es in der Tat so, als wenn eine Enteignung als besonders intensiver Eingriff in die Bestandsgarantie nur zugunsten besonders gewichtiger Gemeinwohlbelange erfolgen dürfte.

In dieser Weise ist die „klassische" Enteignung, auf welche die Ausführungen Böhmers sich beziehen, indessen noch nie beschränkt gewesen. Mit einer derartigen Auslegung des Gemeinwohlerfordernisses wäre fast jede raumbedeutsame Planung unmöglich, welche auf Enteignungen angewiesen ist. Hinter raumbedeutsamen Planungen, etwa hinter einem Straßenbau, stehen in der Regel „schlichte" Gemeinwohlbelange, so wie sie von den zuständigen staatlichen und kommunalen Instanzen formuliert werden. Zu „dringenden" Aufgaben, auf deren Erfüllung die Allgemeinheit „unumgänglich angewiesen ist"[168], lassen sich diese Belange nur in seltenen Fällen „hochstilisieren". Wenn Art. 14 III GG nicht existieren würde, ließen sich „klassische" Enteignungen zugunsten überragend wichtiger Gemeinschaftsgüter (Krankenhausbau, Ausbau besonders unfallträchtiger Straßen) nach den allgemeinen Grundrechtslehren schon im Rahmen von Art. 14 I 2 GG rechtfertigen. Enteignungen zugunsten „schlichter", „normaler" Gemeinwohlbelange wären aber unmöglich. So gesehen ist Art. 14 III GG ein Instrument, um Eingriffe in bestandsgeschütztes Eigentum mit „leichteren" Voraussetzungen zu ermöglichen – ein vielleicht verblüffendes Ergebnis. Das rechtsstaatliche Korrektiv liegt darin, daß Art. 14 III GG den Gesetzesvorbehalt besonders betont und mit der Junktim-Klausel besondere Sensibilität für die Entschädigungsfrage zeigt. Vor allem ist auch der Grundsatz der Verhältnismäßigkeit besonders zu beachten[169]. Nach ihm ist als Einstieg in die Enteignungsmöglichkeit eine Rechtsgüterabwägung zwischen den konkreten Gemeinwohlbelangen und der konkreten Eigentümerposition im anstehenden Einzelfall vorzunehmen. Dabei muß sorgfältig überprüft werden, ob Gemeinwohlbelange tatsächlich vorliegen (oder ob sie nur „vorgeschoben" sind) und ob sie hinreichen, um die Eigentümerposition zu belasten.

---

[165] BVerfGE 56, 279,
[166] BVerfGE 56, 282.
[167] Bei Fn. 110.
[168] So die Anforderungen nach Böhmer, BVerfGE 56, 279.
[169] S. BVerfGE 24, 367 (404); 45, 335; 53, 336 (349). Vorbildlich insoweit die kritische Überprüfung in BVerwGE 21, 191 zur Ablieferung eines Münzfundes; s. ferner die Erörterungen in BVerfGE 53, 336 (350 f.); 31, 275 (292).

Der Unterschied der hier vertretenen Auffassung zu den Ausführungen Böhmers wird plastisch, wenn man zum Vergleich die „Dreistufentheorie" heranzieht, welche das Bundesverfassungsgericht zu Art. 12 I GG entwickelt hat[169a]. Böhmer stellt Anforderungen an das Gemeinwohlerfordernis, wie sie auf der zweiten oder auf der „strengsten" dritten Stufe der „Dreistufentheorie" gestellt sind. Nach der hier vertretenen Ansicht wäre die erste Stufe der „richtige" Vergleichsstandort. Wie auf jeder Stufe ist auch auf der ersten Stufe der Grundsatz der Verhältnismäßigkeit im Einzelfall sorgfältig zu überprüfen. Wegen der tatsächlichen Umstände, welche Böhmer mittteilt, ist die Enteignung im Fall der „Dürkheimer Gondelbahn" auch schon verfassungswidrig, wenn man Gemeinwohlanforderungen stellt, welche der ersten Stufe der „Dreistufentheorie" entsprechen.

Allerdings wird das Gemeinwohlerfordernis aus den allgemeinen Grundrechtslehren durch Art. 14 III GG *nur* für die „klassische" Enteignung auf „schlichte" Gemeinwohlbelange heruntergeschleust. Eine „Aufopferungsenteignung" kann nur zugunsten besonders gewichtiger Gemeinwohlbelange zulässig sein. Denn anders als die „klassische" Enteignung, welcher im Verhältnis zu Eigentumseingriffen im Rahmen von Art. 14 I 2 GG eine eigene *Qualität* zukommt, ist die „Aufopferungsenteignung" nach dem Gesagten[170] lediglich die Fortsetzung einer nach dem Grundsatz der Verhältnismäßigkeit im Rahmen von Art. 14 I 2 GG unzulässigen Rechtsentziehung mit anderen Mitteln. Die Diskrepanz, daß das Gemeinwohlerfordernis des Art. 14 III 2 GG für die „klassische" Enteignung und für die „Aufopferungsenteignung" Unterschiedliches bedeutet, beruht darauf, daß das Bundesverfassungsgericht die „Aufopferungsenteignung" *unnötigerweise*[171] dem Art. 14 III GG zurechnet.

VIII. Art. 15 GG

1. Ermächtigung zu Eingriffen in bestandsgeschütztes Eigentum

Art. 15 GG, also die Möglichkeit, „Grund und Boden, Naturschätze und Produktionsmittel zum Zwecke der Vergesellschaftung in Gemeineigentum oder in andere Formen der Gemeinwirtschaft" zu überführen, steht in dogmatischer Parallele zur „Aufopferungsenteignung". Wie insoweit[172] Art. 14 III GG *ermächtigt* auch Art. 15 GG zu Eingriffen in

---

[169a] BVerfGE 7, 377 (404).
[170] S. bei Fn. 122 ff.
[171] S. bei Fn. 145.
[172] S. bei Fn. 122.

bestandsgeschütztes Eigentum, welche nicht schon im Rahmen von Art. 14 I 2 GG möglich sind. Demgemäß ist Art. 15 GG *kein* „Grundrecht auf Nicht-Sozialisierung" in dem Sinne, daß *alle* gemeinwirtschaftlichen Eigentumsbeschränkungen wegen ihrer besonderen *Qualität* dem Sonderrecht des Art. 15 GG selbst dann unterfielen, wenn sie nach dem Maßstab ihrer Intensität „an sich" im Rahmen von Art. 14 I 2 GG *möglich* wären[173]. Weil das Bundesverfassungsgericht das Mitbestimmungsgesetz trotz seiner gemeinwirtschaftlichen Tendenz[174] im Rahmen von Art. 14 I 2 GG für verfassungsmäßig hält[175], hat es diese Sicht des Art. 15 GG in der Sache bestätigt.

2. Ermächtigung zur Durchbrechung der Verfassungsdirektive privater Eigentumszuordnung

Indessen geht die ermächtigende Funktion des Art. 15 GG in ihrem *prinzipiellen* Ansatz über die Parallelvorschrift des Art. 14 III GG hinaus. Die objektivrechtlich-institutionellen Strukturprinzipien für die inhaltliche Ausgestaltung des Eigentums (Kontext soeben IV.) werden durch Art. 14 III GG nicht berührt. Das Enteignungsrecht ist kein Instrument zur Änderung der (Privat-)Rechtsordnung; es setzt diese vielmehr voraus[176]. Art. 15 GG ermächtigt dazu, in die objektivrechtlich-institutionelle Verfassungsdirektive privater Eigentumszuordnung einzubrechen. An „Grund und Boden, Naturschätzen und Produktionsmitteln" kann *Gemeineigentum* bestehen, welches nicht *privaten* Eigentümern zugeordnet ist, nicht „privatnützig" eingesetzt wird und nicht der privaten Verfügungsbefugnis unterliegt.

3. Die aktuelle Bedeutung des Art. 15 GG

a) *Praktische* Bedeutung hat die ermächtigende Funktion des Art. 15 GG gegenwärtig nicht. Klassische Sozialisierungen werden von den maßgeblichen Kräften in der Bundesrepublik nicht gefordert. Forderungen nach einer Ausweitung der unternehmerischen Mitbestimmung oder nach einer „Investitionslenkung" sind *zunächst* im Rahmen von

---

[173] So aber *Ipsen*, VVDStRL 10, 107 ff.
[174] Zur Offenheit des Gemeinwirtschaftsbegriffs in Art. 15 GG eingehend *Schwerdtfeger*, Zur Verfassungsmäßigkeit der paritätischen Mitbestimmung, 1978, S. 84 ff.; ders., ZHR 142 (1978), S. 308 f.
[175] BVerfGE 50, 290 (339 ff.).
[176] BVerfGE 45, 297 (339).

Art. 14 I 2 GG an Art. 14 I 1 GG zu messen. Soweit sie dort an der Bestandsgarantie des Art. 14 I 1 GG scheitern, wird zwar die ermächtigende Funktion des Art. 15 GG einschlägig[177]. Es fehlen aber die Geldmittel, um dem Entschädigungs-Junktim des Art. 15 GG zu genügen.

b) *Dogmatisch* gesehen *hat* Art. 15 GG demgegenüber eine aktuelle Funktion. Vor allem in der Gutachtenliteratur wird immer wieder versucht, die objektivrechtlich-institutionelle Verfassungsdirektive privater Eigentumszuordnung aus Art. 14 I 1 GG *wirtschaftsordnungspolitisch* zu verfremden. So erscheinen die Privatnützigkeit und die private Verfügungsbefugnis des Eigentümers als verfassungsrechtlich vorgeschriebene Grundpfeiler einer *marktwirtschaftlich orientierten Wirtschaftsordnung*. Anschließend wird nicht vom Freiheitsraum individueller Eigentümer, sondern vom marktwirtschaftlichen System her begründet, daß gesetzliche Regelungen mit Art. 14 I 1 GG unvereinbar seien. Auf dieser Methode[178] gründete z. B. das „Kölner Gutachten"[179], welches vor dem Bundesverfassungsgericht die Verfassungswidrigkeit des Mitbestimmungsgesetzes 1976 nachzuweisen versuchte. Im Anschluß an das Investitionshilfeurteil[180] hat sich das Mitbestimmungsurteil des Bundesverfassungsgerichts gegen derartige Ableitungen gestellt und die objektivrechtlich-institutionelle Seite des Art. 14 I 1 GG auf den *freiheitssichernden* Ansatz beschränkt[181]. Ein wesentlicher, vom Bundesverfassungsgericht nicht erwähnter Argumentationsstrang in diese Richtung kann bei der Existenz des Art. 15 GG ansetzen: *Wenn* man den Versuch unternimmt, für die Wirtschaftsordnung relevante Grundrechte wirtschaftsordnungspolitisch hochzurechnen, darf man Art. 15 GG nicht auslassen. Art. 15 GG zeigt dann aber gerade, daß Formen der Gemeinwirtschaft ebensogut objektives Ordnungselement der Wirtschafts- und Gesellschaftsordnung sein können wie auf das „Privateigentum" und die private unternehmerische Initiative gestützte Formen der Privatwirtschaft. Daß bei der *Überführung* in Formen der Gemeinwirtschaft *Entschädigungen* gezahlt werden müssen, hat ausschließlich individualschützende Gründe und begünstigt

---

[177] Für die Mitbestimmung s. insoweit *Schwerdtfeger*, Unternehmerische Mitbestimmung und Grundgesetz, S. 243 ff.; für die Investitionslenkung s. *Bäumler*, Art. 15 GG als Instrument der Wirtschaftslenkung, GewArch 1980, S. 287.

[178] Ausführlich zu ihr *Schwerdtfeger*, Zur Verfassungsmäßigkeit der paritätischen Mitbestimmung, S. 76 ff.; ders., ZHR 142. Bd., S. 306 f.

[179] *Badura/Rittner/Rüthers*, Mitbestimmungsgesetz 1976 und Grundgesetz, 1977.

[180] BVerfGE 4, 7, 17 ff.

[181] BVerfGE 50, 290 (336 ff., 344 f.).

die überkommene Wirtschaftsordnung *faktisch*. *Ordnungspolitisch* gesehen ist das privatwirtschaftliche System von Verfassungs wegen aber *nicht* privilegiert[182]. Deshalb ist es beispielsweise auch nicht verfassungswidrig, daß Bund, Länder und Gemeinden Eigentümer von Wirtschaftsunternehmen sind. Eine Privatisierungspflicht, welche bisweilen aus Art. 14 I 1 GG hergeleitet wird, besteht nicht.

IX. Konsequenzen für die Entschädigungsansprüche aus „enteignungsgleichem" und „enteignendem" Eingriff (Rechtsprechung des BGH)

Abschließend untersuche ich, welche Auswirkungen die neuen Erkenntnisse zur Struktur des Art. 14 GG auf die Entschädigungsrechtsprechung des Bundesgerichtshofes zum „enteignungsgleichen" und „enteignenden" Eingriff haben. In der Literatur wird vermutet, diese Rechtsprechung müsse aufgegeben werden[183]. Bei genauerem Hinsehen ergibt sich indessen, daß man differenzieren kann und muß.

1. Enteignender Eingriff

Wie ich ausführte[184], hat der Bundesgerichtshof *selbst* den enteignenden Eingriff schon aus der engen Anlehnung an Art. 14 III GG gelöst. Also wird dem richterrechtlichen Anspruch nicht die Grundlage entzogen, wenn nunmehr *feststeht*, daß der enteignende Eingriff keine Enteignung im Rechtssinne des Art. 14 III GG ist. Der Entschädigungsanspruch aus „enteignendem" Eingriff hat eine wichtige Auffangfunktion für Fälle, in welchen der Gesetzgeber es im Rahmen von Art. 14 I 2 GG unterläßt, spezialgesetzliche Entschädigungsansprüche vorzusehen. Solange das Richterrecht des Bundesgerichtshofes derartige Fälle *auffängt*, kann der Gesetzgeber dem Eigentümer im Rahmen von Art. 14 I 2 GG auch *ohne* spezialgesetzliche Entschädigungsregelung die Verpflichtung auferlegen, einen enteignenden Eingriff zu dulden.

---

[182] Eingehend dazu *Schwerdtfeger*, Unternehmerische Mitbestimmung und Grundgesetz, S. 241 ff.; *ders.*, Zur Verfassungsmäßigkeit der paritätischen Mitbestimmung, S. 83 ff.; *ders.*, ZHR 142. Bd., S. 307 f.

[183] S. z. B. *Scholz*, NVwZ 1982, 347.

[184] Bei Fn. 36.

2. Enteignungsgleicher Eingriff

Erhebliche *Probleme* ergeben sich für die richterrechtlichen Entschädigungsansprüche aus „enteignungsgleichem" Eingriff. Derartige Ansprüche gesteht der Bundesgerichtshof zu, wenn ein Träger öffentlicher Gewalt *rechtswidrig*[185] – und *unmittelbar* – in die Bestandsgarantie des Art. 14 I 1 GG eingegriffen hat. Hierbei sind zwei Fallgruppen zu unterscheiden.

a) Die erste Gruppe betrifft Fälle, in welchen begrifflich eine Enteignung im Rechtssinne des Art. 14 III GG, also eine klassische Enteignung oder eine Aufopferungsenteignung, vorliegt, diese aber rechtswidrig ist. Beispiel ist der Fall der „Dürkheimer Gondelbahn"[186], wo die Behörde eine klassische Enteignung auf eine Ermächtigungsgrundlage gestützt hatte, die tatbestandlich nicht einschlägig war. Bei Enteignungen im Rechtssinne muß der Weg des Art. 14 III GG beschritten werden. Seinem klaren Wortlaut nach fordert Art. 14 III GG eine Entscheidung des *Gesetzgebers*. Die *Warnfunktion* der Junktim-Klausel verlangt von dem *Gesetzgeber*, daß *er* sich Rechenschaft darüber ablegt, ob die einschlägigen öffentlichen Belange *so* gewichtig sind, daß zu ihren Gunsten die öffentlichen Haushalte mit Entschädigungsansprüchen belastet werden sollen. Wenn ja, hat der *Gesetzgeber* gem. Art. 14 III GG gleichzeitig über *Art* und *Ausmaß* der Entschädigung zu befinden[187]. Dieses System, insbesondere die Warnfunktion der Junktim-Klausel, würde überspielt, wenn bei „Enteignungen" im *Rechtssinne* des Art. 14 III GG an Art. 14 III GG vorbei kraft *Richterrechts* Entschädigungsansprüche aus „enteignungsgleichem" Eingriff zugestanden werden könnten. Demgemäß formuliert die Naßauskiesungsentscheidung[188], die ordentlichen Gerichte könnten keine Enteignungsentschädigung i. S. des Art. 14 III GG zusprechen, für welche es an einer vom *Gesetzgeber* geschaffenen Anspruchsgrundlage fehle. Richterrechtliche Entschädigungsansprüche wegen „enteignungsgleichen" Eingriffs sind hier durch Art. 14 III GG *positivrechtlich* ausgeschlossen. Dem ist der Bundesgerichtshof im Ansatz gefolgt[189].

---

[185] Nachweise zu dieser Abgrenzung vom „enteignenden" Eingriff in Fn. 32.
[186] BVerfGE 56, 249.
[187] Das wird besonders betont in BVerfGE 46, 268 (285).
[188] BVerfGE 58, 300 (318 f.); s. auch schon BVerfGE 4, 219 (234 ff.).
[189] S. den Vorlagebeschluß im Naßauskiesungsfall BGH, NJW 1978, 2290 (2292) sowie neuestens BGH, WM 1982, 966 (967).

b) Die zweite Fallgruppe „enteignungsgleicher Eingriffe" betrifft Konstellationen, in welchen der rechtswidrige Eigentumseingriff *keine* Enteignung im Rechtssinne des Art. 14 III GG darstellt. Beispiel sind die unnötig langen und damit rechtswidrigen Straßenbauarbeiten, welche anliegenden Gewerbebetrieben Schaden zufügen[190]. *Hier* steht Art. 14 III GG mit seinen Besonderheiten und mit seiner Ausschlußfunktion nicht auf der Tagesordnung. Es geht um eine *allgemeine* Frage der Staatshaftung für rechtswidriges Staatshandeln. *Sie* steht richterrechtlicher Rechtsfortbildung offen[191].

3. Rechtswegfrage

Lassen Sie mich mit einem etwas originellen Problem schließen, der Rechtswegfrage. Der Bundesgerichtshof leitet die Zuständigkeit der ordentlichen Gerichtsbarkeit für die ungeschriebenen Entschädigungsansprüche aus „enteignungsgleichem" oder „enteignendem" Eingriff bisher aus Art. 14 III 4 GG her[192]. Nachdem sich durch die Rechtsprechung des Bundesverfassungsgerichts herausgestellt hat, daß im Anwendungsbereich des Art. 14 III GG richterrechtliche Entschädigungsansprüche gerade *gesperrt* sind, kann die Rechtswegzuweisung des Art. 14 III 4 GG nicht mehr fruchtbar gemacht werden. In der Sache geht es um öffentlich-rechtliche Streitigkeiten, welche § 40 I VwGO in den Verwaltungsrechtsweg verweist. Gem. § 40 I VwGO ist der Verwaltungsrechtsweg nur dann *nicht* gegeben, wenn die Streitigkeit „einem anderen Gericht *ausdrücklich* zugewiesen" wird. Eine derartige *ausdrückliche* Zuweisung an die ordentliche Gerichtsbarkeit findet sich nur für den „enteignungs-*gleichen* Eingriff", an versteckter Stelle in § 48 VI VwVfG. Für den enteignenden Eingriff fehlt eine ausdrückliche Zuweisung. Das gilt auch für

---

[190] Zusammenfassend dazu BGHZ 57, 359 ff.

[191] Die allgemeine Problematik von „Richterrecht" muß hier dahingestellt bleiben; das BVerfG zeigt sich insoweit aufgeschlossen s. BVerfGE 34, 269 ff.; 49, 304 (318 ff.), auch zu den Grenzen.

[192] S. bei Fn. 37.

spezialgesetzliche Kodifizierungen dieses Anspruchs[193]. Zwar besteht in der Rechtsprechung eine Bereitschaft, an die „Ausdrücklichkeit" der Zuweisung nur verhältnismäßig geringe Anforderungen zu stellen[194]. Aber auch das dürfte nicht weiterhelfen. Insbesondere läßt sich kein Wille des Gesetzgebers nachweisen, prinzipiell *alle* Entschädigungsansprüche in den ordentlichen Rechtsweg zu verweisen. Für den Ausgleich des Vertrauensschadens bei der Rücknahme rechtswidriger Verwaltungsakte ist nach § 48 VI VwVfG beispielsweise der Verwaltungsrechtsweg zu eröffnen. Man darf gespannt sein, wie der Bundesgerichtshof sich aus *dieser* Affäre ziehen wird.

---

[193] Beispiele in Fn. 126.
[194] S. den Überblick bei *Kopp*, VwGO, 5. Aufl. 1981, § 40 Rdnr. 49.